Désiré Jacob Kraffa

RUPTURE DU VŒU DE CHASTETÉ ET PÉCHÉ DE LA CHAIR

Désiré Jacob Kraffa

RUPTURE DU VŒU DE CHASTETÉ ET PÉCHÉ DE LA CHAIR

La tentation de l'Abbé Pierre

Éditions Croix du Salut

Imprint
Any brand names and product names mentioned in this book are subject to trademark, brand or patent protection and are trademarks or registered trademarks of their respective holders. The use of brand names, product names, common names, trade names, product descriptions etc. even without a particular marking in this work is in no way to be construed to mean that such names may be regarded as unrestricted in respect of trademark and brand protection legislation and could thus be used by anyone.

Cover image: www.ingimage.com

Publisher:
Éditions Croix du Salut
is a trademark of
Dodo Books Indian Ocean Ltd. and OmniScriptum S.R.L publishing group

120 High Road, East Finchley, London, N2 9ED, United Kingdom
Str. Armeneasca 28/1, office 1, Chisinau MD-2012, Republic of Moldova, Europe
Printed at: see last page
ISBN: 978-620-6-17086-0

RUPTURE DU VŒU DE CHASTETÉ ET PÉCHÉ DE LA CHAIR

Désiré Jacob Kraffa

RUPTURE DU VŒU DE CHASTETÉ ET PÉCHÉ DE LA CHAIR

La tentation de l'Abbé Pierre

DEDICACE

Ce livre est dédié à toutes les personnes qui travaillent pour la durabilité d'Emmaüs, en dépit du scandale. Nous sommes chacun des descendants du combat mené par l'Abbé Pierre.

Ensemble, soutenons nos valeurs de solidarité et d'optimisme pour le futur, tout en persévérant dans nos démarches visant à réduire la pauvreté et l'exclusion !

La bataille pour Emmaüs continue aujourd'hui.

« Il m'est arrivé de succomber à la puissance du désir de manière temporaire, mais je n'ai jamais ressenti de sensations sexuelles régulières, car je n'ai pas laissé le désir sexuel s'enraciner. »

Abbé Pierre

« Car le jugement est sans miséricorde pour celui qui n'a pas fait miséricorde, mais la miséricorde l'emporte sur le jugement »

Lettre de saint Jacques Apôtre

AVANT-PROPOS

Les prêtres juifs ont accusé Jésus et il a été puni de ce qu'on lui reprochait. Convaincu de son innocence, Ponce Pilate souhaitait le libérer. Cependant, face à la colère du peuple juif, notamment des chefs religieux de l'ancienne doctrine (Ancien Testament), Ponce Pilate, gouverneur de Judée, leur offrit en échange de la libération de Jésus Barabbas, un criminel notoire, mais rien ne se passa comme il le voulait. La foule ne cessait d'exclamer « À mort Jésus ». À la suite de cet épisode, Ponce Pilate se lava les mains, annonçant au peuple juif qu'elle assumait l'intégralité de sa mort sur la Croix. Les accusations qui sont portées contre L'abbé Pierre remontent aux années 50. Au XXIe siècle, la révolution MeToo a connu un succès en libérant la parole des femmes victimes d'abus sexuels. Les événements sont excessivement sérieux et trop nombreux. En même temps, L'abbé Pierre est une figure imminente de l'aide à la personne. Comment est-il possible d'évaluer et de condamner une personne qui est élue par le Peuple ? Après sa disparition en 2007, il est demeuré apprécié des Français. En raison de son héritage à Emmaüs et de la fondation portant son nom, ainsi que de sa personnalité. Jusqu'à ce que des accusations d'agressions sexuelles démontrent la vérité (letelegramme.fr).

Le parcours de l'abbé Pierre vaut la peine d'être raconté : il est sélectionné par une force divine pour accomplir une mission salutaire. Il aurait pu rester dans son monastère et consacrer le reste de ses jours à la contemplation et à la prière, mais préféra aider son prochain. Le vœu de chasteté que l'Église prône pose déjà un souci pour lui. Comment peut-on simplement penser qu'il était un prédateur sexuel ? Il est également impossible pour l'Église qu'il incarne de le soupçonner un instant ou de le comprendre. Les membres de l'Église sont conscients de tous les risques. Il semble que Le diable apprécie la ruine de certains prélats. La chair est un péché puissant qui entraîne la perte de beaucoup. (Voir le film : « Les oiseaux se cachent pour mourir »). Lorsque la pédophilie n'est pas la cause, c'est des agressions sexuelles qu'il s'agit.

Il sera nécessaire de mettre en place une législation sur cette problématique, même si l'abbé Pierre a insisté auprès du pape. Il faut accepter que la chasteté ne soit pas une obligation pour ceux qui ne peuvent pas l'exercer. Uniquement pour anticiper toutes sortes de tentations. Abbé Pierre aurait pu se protéger de lui-même grâce à l'abstinence sexuelle dont il était incapable de faire face en quittant l'Église, mais il voulait rester dans l'Église avec son mal. Le diable est conscient de cela et en fait son compagnon humaniste.

Le récit de l'abbé Pierre me fait penser à celui de Jésus qui est venu libérer les êtres humains de leur péché. L'abbé Pierre a eu pour mission de venir en aide à ceux qui n'ont rien. Quelle est la distinction entre Jésus et L'Abbé Pierre ? Jésus est le Dieu incarné en chair, mais l'abbé Pierre est un pêcheur humaniste. En effet, Jésus a connu le célibat lorsqu'il était en relation avec les hommes, afin de mieux accomplir sa mission. Même en prenant son ministère comme exemple, les hommes de chair demeurent des hommes nus. Si nous sommes croyants, notre seule force réside dans la prière et la capacité de se détacher de nos péchés. Être capable de refuser les déviances. Posséder la capacité d'un croyant à rester inébranlable face aux pulsions mauvaises. Le père de l'abbé Pierre était catholique, mais il demeura un homme ayant ses propres besoins. Il était attiré par les femmes, il a également ressenti le désir sexuel alors que son désir de chasteté l'y empêchait. Il n'est pas accusé d'avoir rencontré les femmes, mais d'avoir abusé d'elles. L'Église catholique encourage l'humilité envers ses prélats. Les infractions sont punies d'excommunions. Il est interdit d'atteindre une partie du corps de la femme sans son consentement. Si on la contraint, c'est un viol, peu importe notre renommée. Si elle porte plainte, nous sommes exposés à une poursuite judiciaire. Le célibat des Prêtres n'a jamais été évoqué dans la Bible. Le célibat a été considéré par l'Église catholique comme une attitude symbolique. Jésus-Christ, qui a refusé de vivre avec une femme pendant son séjour sur Terre jusqu'à sa crucifixion. Le dernier repas qu'il partage avec ses Apôtres met en lumière sa force et sa nature messianique. Il s'installa avec ses douze Apôtres, qu'il invita à son dernier repas. Un geste à double signification : la paix juive, et aussi son acte à venir sacrificiel.

Jésus leur fit savoir qu'il serait bientôt appréhendé. L'un de ces apôtres assis à ses côtés le trahira, mais il masquera son nom et l'encouragera à faire ce qu'il a à faire. Jésus, venu apporter de l'amour, avait des adversaires au sein de sa propre famille juive qui désiraient sa mort. Rien n'avait été inventé par Jésus : ce qui se passe est déjà écrit, et se fera comme il a été annoncé. À la suite de sa mort et de sa Résurrection, Jésus apparut à nouveau à ses disciples. Avant de rejoindre le ciel, il leur a fait la promesse de revenir sur Terre dans les derniers temps pour vivre une autre époque idyllique. Une fois qu'il était parti dans les Cieux, ses disciples allèrent annoncer la bonne nouvelle à l'ensemble du monde. Garder le plus grand nombre d'âmes en son nom. Tous seront tués pendant leur mission en tant que martyrs, à l'exception de Jean du dernier livre du Nouveau Testament. Il mourut après avoir terminé le livre de l'Apocalypse. De nos jours, il est difficile d'être croyant, et ceux qui se consacrent à des œuvres philanthropiques ne sont pas exemptés du mal. Selon le rapport publié par Emmaüs et *La Fondation Abbé Pierre* le 17 juillet dernier. Six femmes décrivent des incidents pouvant être considérés comme des agressions sexuelles ; une septième relate des paroles sexistes et des demandes indécentes. Les événements exposés auraient eu lieu de la fin des années 1970 à 2005. Plusieurs femmes, dont une âgée de 16 ou 17 ans, et un baiser forcé sur la bouche. « L'effort de transparence de l'institution a poussé une femme à se confier sans succès à des responsables d'Emmaüs il y a longtemps, mais pas cinquante ans non plus », affirme Véronique Margron. Ensuite, cette victime s'est tournée vers l'église. Selon le rapport de la CIASE, elle a pris la décision de témoigner, car elle a finalement ressenti qu'elle serait écoutée. Par la suite, cette femme a exprimé son désir de voir Emmaüs et la Fondation Abbé-Pierre comprendre sa souffrance.

Le 9 février 2024, l'association confie au cabinet Egaé, fondé par la militante féministe Caroline De Haas, le soin de mener l'enquête. Les temps changent, difficile pour elle de faire autrement. Les controverses liées au MeToo dans le domaine du cinéma, du sport, du travail et de tous les aspects de la société nécessitent maintenant de prendre en compte les paroles des victimes de violences sexuelles. Ce contexte politique et médiatique paraît essentiel pour comprendre le timing de ces révélations. À cela s'ajoute le fait qu'Emmaüs, en pleine réorganisation interne en matière de gouvernance, a voulu faire table rase. Mais un silence de presque cinquante ans. Il est certainement lié à la stature de l'Abbé, autre raison de la date si tardive de ces divulgations. « Malheureusement, sa figure était à une telle hauteur qu'elle en était devenue parfaitement intouchable », soupire Véronique Margron. « Aucune de ses agressions n'était audible ». Ou alors l'on devait considérer qu'elles ne pesaient pas lourd à côté du bien qu'il fit pour les pauvres. » « L'abbé Pierre a été élevé au rang de bienfaiteur, mais il n'était qu'un homme », Le Bourgeois, psychanalyste et religieuse auxiliatrice. La psychanalyste observe que la tardive libération de la parole s'explique souvent par la honte ressentie par les victimes de dénoncer des faits aussi intimes. « Mais la honte doit changer de camp », affirme-t-elle.

On ne mesure pas les conséquences sur le psychisme que peuvent engendrer ces gestes de domination, d'avilissement. Prendre possession du corps de l'autre, ce n'est pas rien. Trop longtemps, ces conséquences ont été sous-estimées. « Il est certain que personne ne se lève un matin en disant : « Aujourd'hui, je vais parler. » « Il existe des déclencheurs », précise Véronique Margron. Beaucoup d'agressés veulent épargner à leurs parents le choc du récit de leurs souffrances. Ou la lecture d'un témoignage tiers, dont les mots traduisent précisément ce qu'un autre agressé ressent. La nomination d'un prélat à un poste d'écoute de victimes alors que ce prélat l'avait agressée. Chaque nouvelle étape supplémentaire – la révélation auprès d'un proche ou auprès des médias… – nécessite, ensuite, un temps de digestion important pour la personne agressée. D'où le délai que peuvent prendre certaines affaires pour émerger. « Il faut respecter le temps de la victime », enjoint Véronique Margron.

LE BON SAMARITAIN

En observant l'Abbé Pierre, il n'est pas possible d'envisager qu'il profite de son influence sur une femme. Mais, bien que cela puisse paraître étrange, il a en effet fait ce dont on l'accuse aujourd'hui. C'est le deuxième aspect de sa personnalité qui surprend. Au départ, j'ai été en désaccord avec les accusations déposées contre lui, préférant qu'on lui accorde « la présomption d'innocence ». J'ai rapidement réalisé que s'était perdu d'avance, après les recherches faites. L'histoire de L'abbé Pierre constitue un moment de réflexion pour chacun. Il s'est dévoué pour l'autre tout au long de son existence, mais il avait une autre facette plus obscure que personne ne savait, sauf ses victimes.

Un jour, nos actes, qu'ils soient bons ou mauvais, nous sont confrontés. Chaque individu possède ses pulsions que le bon sens convint de ne pas dépasser la limite. Ce n'est pas un événement récent pour l'abbé Pierre ; en 2005, dans son ouvrage intitulé, *Mon Dieu... pourquoi ?* En collaboration avec Frédéric Lenoir, il admettait à mi-mot avoir eu des relations sexuelles pendant sa carrière de prêtre, ce qu'Henri Tincq décrit comme « une rupture du vœu de chasteté » : « J'ai eu l'occasion de me laisser entraîner par la force du désir de manière temporaire, mais je n'ai jamais eu de relation sexuelle régulière, car je n'ai pas laissé le désir sexuel s'installer ». C'est ce qui m'aurait amené à avoir une relation longue avec une femme [...]. Je me suis donc fait une expérience du désir sexuel et de sa très rare satisfaction. À ce propos, il encourage les responsables de l'Église à envisager une éventuelle réforme de la discipline de l'Église en faveur de l'ordination des hommes mariés. Il ne comprend pas la réticence des Papes Jean-Paul II et Benoît XVI à cette possibilité. L'Église autorisant l'ordination des hommes mariés dans certains rites catholiques orientaux. Il considère cette autorisation comme un moyen de combattre la pénurie de vocations. Il encourage aussi à réfléchir à la question de l'organisation des femmes.

Dans le vieux livre, Dieu nous avertit : « *Ne jugez pas, pour ne pas être jugés.* » *Parce que nous vous jugerons selon votre jugement et nous vous mesurerons selon votre mesure. Pour quelle raison aperçois-tu la paille dans l'œil de ton frère et ne vois-tu pas la poutre dans ton œil ?* » (Matthieu 7 :1-5)

À tous ceux qui affirment : « *Aujourd'hui ou demain, nous allons dans cette ville, nous y passerons une année, nous y ferons des affaires et nous gagnerons de l'argent* ». « *Vous qui êtes incertain de ce qui se passera demain !* » (Jacques 4 :11-17) « *Ne portez pas de jugement et vous ne serez pas jugés* », « *Je ne suis pas venu pour évaluer le monde, mais pour sauver le monde* » (Jésus Christ de Nazareth).

Chaque individu doit effectuer son examen de conscience. Ceux qui prétendent être des hommes de Dieu sont des cibles privilégiées pour les esprits subtils, et personne n'est à l'abri du mal.

ABBE OR NOT JESUS

Le soir étant venu, il se mit à table avec les douze Apôtres. Il s'appelait Jésus de Nazareth. Il est en mission sur Terre. C'est Dieu incarné en chair. Qu'on le veule ou pas, le jour de son sacrifice est arrivé. Cela doit s'accomplir, comme cela fut annoncé bien auparavant par des prophètes dans l'Ancien Testament (La Thora). Pendant qu'ils mangeaient, il dit : Je vous le dis en vérité, l'un de vous me livrera. Ils furent profondément attristés, et chacun se mit à lui dire : Est-ce moi, Seigneur ? Il répondit : Celui qui a mis avec moi la main dans le plat, c'est celui qui me livrera. Le Fils de l'homme s'en va, selon ce qui est écrit de lui. Mais malheur à l'homme par qui le Fils de l'homme est livré ! Mieux vaudrait pour cet homme qu'il ne fût pas né. Judas, qui le livrait, prit la parole et dit : Est-ce moi, Rabbi ? Jésus lui répondit : Tu l'as dit. Pendant qu'ils mangeaient, Jésus prit du pain ; et, après avoir rendu grâces, il le rompit et le donna aux disciples, en disant : Prenez, mangez, ceci est mon corps. Il prit ensuite une coupe ; et, après avoir rendu grâces, il la leur donna, en disant : Buvez-en tous ; car ceci est mon sang, le sang de l'alliance, qui est répandu pour plusieurs, pour la rémission des péchés.

Je vous le dis, je ne boirai plus désormais de ce fruit de la vigne, jusqu'au jour où j'en boirai de nouveau avec vous dans le royaume de mon Père. Après avoir chanté les Cantiques, ils se rendirent à la montagne des oliviers. Alors Jésus leur dit : Je serai pour vous tous, cette nuit, une occasion de chuter ; car il est écrit : Je frapperai le berger, et les brebis du troupeau seront dispersées. Mais, après que je serai ressuscité, je vous précéderai en Galilée. Pierre, prenant la parole, lui dit : Quand tu serais pour tous une occasion de chuter, tu ne le seras jamais pour moi. Jésus lui dit : Je te le dis en vérité, cette nuit-même, avant que le coq chante, tu me renieras trois fois. Pierre lui répondit : Quand il me faudrait mourir avec toi, je ne te renierai pas. Et tous les disciples dirent la même chose. Là-dessus, Jésus alla avec eux dans un lieu appelé Gethsémané, et il dit aux disciples : Asseyez-vous ici, pendant que je m'éloignerai pour prier. Il prit avec lui Pierre et les deux fils de Zébédée, et il commença à éprouver de la tristesse et des angoisses. Il leur dit alors : Mon âme est triste jusqu'à la mort ; restez ici et veillez avec moi. Puis, ayant fait quelques pas en avant, il se jeta sur sa face et pria ainsi : Mon père, s'il est possible, que cette coupe s'éloigne de moi ! Toutefois, non pas ce que je veux, mais ce que tu veux. Et il vint vers les disciples, qu'il trouva endormis, et il dit à Pierre : Vous n'avez donc pu veiller une heure avec moi ! Veillez et priez, afin que vous ne tombiez pas dans la tentation ; l'esprit est bien disposé, mais la chair est faible.

Il s'éloigna une seconde fois et pria ainsi : « Mon Père, s'il n'est pas possible que cette coupe s'éloigne sans que je la boive, que ta volonté soit faite ! » Il revint, et les trouva encore endormis ; car leurs yeux étaient appesantis. Il les quitta et, s'éloignant, il pria pour la troisième fois, répétant les mêmes paroles. Puis il alla vers ses disciples et leur dit : Vous dormez maintenant, et vous vous reposez ! Voici, l'heure est proche, et le Fils de l'homme est livré aux mains des pécheurs. Levez-vous, allons ; voici, celui qui me livre s'approche. Comme il parlait encore, voici que Judas, l'un des douze, arriva, et avec lui une foule nombreuse armée d'épées et de bâtons, envoyée par les principaux sacrificateurs et par les anciens du peuple. Celui qui le livrait leur avait donné ce signe : Celui que je baiserai, c'est lui ; saisissez-le. Aussitôt, s'approchant de Jésus, il dit : Salut, Rabbi ! Et il le baisa. Jésus lui dit : Mon ami, ce que tu es venu faire, fais-le. Alors ces gens s'avancèrent, mirent la main sur Jésus et le saisirent. Et voici qu'un de ceux qui étaient avec Jésus étendit la main et tira son épée ; il frappa le serviteur du Souverain sacrificateur et lui emporta l'oreille. Alors Jésus lui dit :

Remets ton épée à sa place ; car tous ceux qui prendront l'épée périront par l'épée. Penses-tu que je ne puisse pas invoquer mon Père, qui me donnerait à l'instant plus de douze légions d'anges ? Comment donc s'accompliraient les Écritures, d'après lesquelles il doit en être ainsi ? En ce moment, Jésus dit à la foule : Vous êtes venus, comme après un brigand, avec des épées et des bâtons, pour vous emparer de moi. J'étais tous les jours assis parmi vous, enseignant dans le temple, et vous ne m'avez pas saisi. Mais tout cela est arrivé afin que les écrits des Prophètes fussent accomplis. Alors tous les disciples l'abandonnèrent et prirent la fuite. Ceux qui avaient saisi Jésus l'emmenèrent chez le souverain sacrificateur Caïphe, où les scribes et les anciens étaient assemblés. Pierre le suivit de loin jusqu'à la cour du souverain sacrificateur, y entra et s'assit avec les serviteurs, pour voir comment cela finirait. Les principaux sacrificateurs et tout le Sanhédrin cherchaient quelque faux témoignage contre Jésus, suffisant pour le faire mourir.

LA MISSION

En 1939, il est vicaire du diocèse de Grenoble, puis mobilisé pendant la Seconde Guerre mondiale et résistant. Il devient député de Meurthe-et-Moselle à la Libération, avec le Mouvement républicain populaire. Il est le cofondateur du mouvement Emmaüs, une association non confessionnelle de lutte contre l'exclusion, dont *la Fondation Abbé Pierre* pour le logement des défavorisés et de nombreuses autres associations, fondations et entreprises de l'économie sociale et solidaire en France.

En juillet 2024, un rapport réalisé par Emmaüs International a révélé que l'abbé Pierre aurait agressé des femmes entre la fin des années 1970 et 2005. La presse a également rapporté des faits plus anciens, jusqu'aux années 1950, ainsi qu'un nouveau rapport, qui mentionne également des viols sexuels, y compris sur une mineure. Joseph Marie Grouès (1) naît le 5 août 1912 au domicile de ses parents, petite-rue des Gloriettes à Lyon (4e) (2). Originaire, du côté paternel, du hameau de Fouillouse à Saint-Paul-sur-Ubaye (de son père négociant, de son grand-père marchand toilier et de son arrière-grand-père propriétaire-cultivateur-colporteur (3)), du côté maternel, de Tarare dans le Rhône. Il est l'un des cinq enfants. Il reçoit son baptême à l'église Saint-Eucher de Lyon, 4e arrondissement de Lyon. Il grandit à Irigny, commune située au Sud-Ouest de Lyon. Il accompagne dès l'âge de six ans son père catholique actif et pieux qui, chaque dimanche matin, s'occupe des sans-abris et des mendiants autour du quai Rambaud (4). À l'âge de douze ans, il suit son père dans la longue confrérie des hospitaliers veilleurs où, le dimanche, les bourgeois se font coiffeurs barbiers pour les pauvres.

Scout de France, il est étudiant à l'internat Saint-Joseph (actuel lycée Saint-Marc), où il reçoit le totem de Castor méditatif. Il s'unit ensuite avec François Garbit (5). À cette époque, il est conscient des « illuminations » qui guident sa vie. En 1928, alors qu'il a seize ans, il est touché par un « coup de foudre avec Dieu », selon ses propres termes, à la suite duquel il désire rejoindre les franciscains. Néanmoins, compte tenu de son âge de dix-sept ans, il doit patienter. C'est à cet âge, selon une autre version avancée par son biographe Bernard Violet, qu'il tombe amoureux d'un camarade. Sa passion homosexuelle, qu'il tente de réprimer par des sanctions, est en partie à l'origine de son choix d'adhérer à la vie religieuse. Il pratique la religion chez les capucins où il prononce ses vœux en 1931. Il abandonne sa part du patrimoine familial et consacre tout ce qu'il possède à des œuvres caritatives par souci de pauvreté. Il devient frère Philippe en religion. Il finit son noviciat en 1932 et est transféré au couvent des Capucins de Crest (Drôme), où il y passe sept ans de formation intellectuelle et religieuse dans une grande austérité. Il est notamment caractérisé par l'adoration nocturne quotidienne (8). Henri Groués est ordonné diacre par l'évêque de Valence (Drôme), Camille Pic, le 18 décembre 1937, dans la chapelle du Grand Séminaire, aujourd'hui lycée privé catholique Montplaisir.

Le 24 août 1938, il est ordonné prêtre catholique dans la chapelle de son ancien collège, le lycée Saint-Marc de Lyon, avec le Jésuite Jean Daniélou, futur cardinal. Suite à sa santé fragile, il démissionne de l'ordre des Capucins le 18 avril 1939, en accord avec ses supérieurs. Il est invité par le cardinal Pierre Gerlier à rejoindre le diocèse de Grenoble où il est incardiné le 2 mai 1939 et nommé vicaire à la basilique Saint-Joseph de Grenoble le 14 mai suivant par l'évêque Alexandre Caillot (9). Au début de la Seconde Guerre mondiale, il est engagé comme sous-officier dans un régiment du train des équipages en décembre 1939. En raison de sa pleurésie, il passe toute la Guerre à l'hôpital. Il devient aumônier de l'hôpital de La Mure (Isère) en octobre 1940, puis de l'orphelinat de La Côte-Saint-André (10). D'après sa biographie officielle, extraite des archives du ministère de la Défense nationale (11), Vicaire de la cathédrale Notre-Dame de Grenoble (12). Il collecte les enfants juifs et leurs familles sont arrêtées lors des rafles des Juifs étrangers en zone sud, en août 1942. Il fait venir en Suisse en novembre 1943 le plus jeune frère du général de Gaulle, Jacques de Gaulle, et son épouse qu'il confie au réseau de l'abbé Marius Jolivet, curé de Collonges-sous-Salève (13). Il est l'un des fondateurs de maquis dans le massif du Vercors et le massif de la Chartreuse. C'est alors qu'il fait la connaissance de Lucie Coutaz, qui le dissimule sous un pseudonyme, et qui devient sa secrétaire spéciale (elle l'est jusqu'à sa mort en 1982). On la qualifie de cofondatrice du Mouvement Emmaüs.

Il soutient les personnes qui refusent le service du travail obligatoire. Il prend le nom d'abbé Pierre dans la clandestinité, qui lui reste jusqu'à la fin de sa vie. Il fait l'objet d'une arrestation par l'armée allemande en 1944 à Cambo-les-Bains, dans les Pyrénées-Atlantiques et est libéré. Il traverse l'Espagne et rejoint le général de Gaulle à Alger en Algérie française via Gibraltar14. Il est nommé aumônier de la Marine à Casablanca (Maroc) sur le cuirassé Jean Bart. Il porte la croix d'aumônier de la Marine sur sa poitrine tout au long de sa vie.

À la Libération de la France, il est décoré de la croix de guerre 1939-1945 avec palme pour ses actions dans la Résistance. En se basant sur son expérience passée et les drames dont il a été témoin, il témoigne, tout comme de nombreux résistants de toutes origines qui l'ont rencontré, de son engagement politique pour rétablir une société digne basée sur les droits humains fondamentaux. De plus, il manifeste une détermination profonde à agir pour des causes qu'il considère comme justes, même si elles peuvent parfois être illégales, et à mobiliser autour de lui pour faire évoluer les lois établies et les regards indifférents. À la fin de la guerre, sur les conseils de l'entourage du général de Gaulle et avec l'accord de l'archevêque de Paris, il se présente aux élections législatives et est élu trois fois député en Meurthe-et-Moselle comme indépendant apparenté au Mouvement républicain populaire (MRP) : le 21 octobre 1945 puis le 2 juin 1946, dans les deux assemblées nationales constituantes successives ; puis à l'Assemblée nationale, de 1946 à 1951. Son credo présente un programme appelé troisième force (« ni capitaliste, ni collectiviste »). (17). Siégé sous le nom de Grouès (M. l'abbé Pierre), il est enregistré à partir du 13 juin 1946 sous le nom de Pierre-Grouès (M. l'abbé) (18).

Il crée avec 80 autres députés le groupe parlementaire fédéraliste français le 19 juin 1947. Il est ensuite présent au Congrès de Montreux des 27-31 août 1947 où est créé le mouvement fédéraliste mondial (19). Il est nommé vice-président. En 1948, il crée avec Albert Camus et André Gide le comité de soutien à Garry Davis, fondateur d'un autre mouvement mondialiste, celui des citoyens du monde, qui s'oppose à la montée rapide des égoïsmes nationaux et dépouille son passeport devant l'ambassade américaine. En 1966, avec des personnalités internationales, il exhorte à s'inscrire au registre international des citoyens du monde (20). Il quitte le parti après l'incident sanglant de Brest, en avril 1950, qui fait la mort d'un ouvrier, Édouard Mazé. Le 28 avril 1950, dans sa lettre de démission intitulée Pourquoi je quitte le MRP, il critique les positions politiques et sociales du mouvement. Il intègre ensuite la Ligue de la Jeune République, mouvement socialiste chrétien, et le groupe de la Gauche indépendante. Il est élu aux élections législatives de 1951, à la tête d'une liste de défense des intérêts démocratiques et populaires, constituée d'humbles gens sans aucun nom, sans le soutien du MRP ni de la hiérarchie catholique. Il est élu sans réélection. Il quitte le parti politique à la suite de l'incident sanglant de Brest, en avril 1950, qui fait passer un ouvrier, Édouard Mazé, pour la mort. Lors de sa démission du 28 avril

1950, dans sa lettre intitulée Pourquoi je quitte le MRP, il critique les positions politiques et sociales du parti. Il adhère ensuite à la Ligue de la Jeune République, mouvement socialiste chrétien, et au groupe de la Gauche indépendante (21). Aux élections législatives de 1951, il se présente à la tête d'une liste de défense des intérêts démocratiques et populaires, constituée de humbles et de gens sans aucun nom, sans le soutien du MRP ni de la hiérarchie catholique. Il ne se réinvestit pas.

En 1949, il crée le Mouvement Emmaüs (en référence à Emmaüs, village de Judée mentionné dans un épisode du dernier chapitre de l'Évangile selon Luc). Ce Collectif est une association laïque qui combat l'exclusion. Dès l'été 1949, il commence à créer la communauté Emmaüs de Neuilly-Plaisance, au 38 avenue Paul-Doumer, initialement une auberge de jeunesse (22). Le véritable acte fondateur du mouvement Emmaüs est la rencontre avec un homme désespéré, George, qui a perdu toute raison de vivre, et à qui l'abbé Pierre demande : « Viens m'aider à aider » (23). Le financement des communautés Emmaüs repose sur la vente de matériel et d'objets de récupération, ainsi que sur la construction de logements (24) : Emmaüs représente un peu la brouette, les pelles et les pioches avant les bannières. La récupération d'hommes broyés est une forme de carburant social (25). Il n'est pas réélu en 1951 (système des apparentements), perd ses 12 000 FF d'indemnités de député et est contraint de mendier ou de vendre des publications à la dérobée pour subvenir aux besoins d'Emmaüs. Parallèlement, les membres d'Emmaüs commentent la situation en Chine, qui est complémentée à partir de février 1952 par la « biffée sur le tas » (26).

Le 29 mars 1952, il s'inscrit au jeu Quitte ou double animé par Zappy Max sur Radio Luxembourg afin de financer son combat, où il remporte 256 000 francs de l'époque 27 (environ 6 148 € en 2022). En 1954, il reçoit la cape qu'il porte jusqu'à la fin de sa vie du lieutenant-colonel Sarniguet, pompier de Paris. Il perçoit ce don comme un simple prêt et le restitue à sa mort à la brigade de sapeurs-pompiers de Paris, conformément à la disposition testamentaire (29.4). L'abbé Pierre est de plus en plus connu à partir de l'hiver 1954, très froid et meurtrier pour le sans-abri. Le 1er février 1954, il effectue un appel inoubliable sur les ondes de Radio-Luxembourg (futur RTL) (31), connu sous le nom d'« Appel de l'abbé Pierre ». Le jour suivant, les médias font référence à « la révolte de la bienveillance ». L'appel rapporte 500 millions de francs (note 3) en dons (dont deux millions par Charlie Chaplin) qui dit à cette occasion : *« Je ne les donne pas, je les rangs. » Ils font partie de la personne vagabonde que j'ai été et que j'ai représentée. »*

(32), Une somme considérable pour l'époque et totalement inattendue, des appels et des courriers qui dépassent complètement le standard téléphonique de la radio, et des dons en nature d'un volume si énorme qu'il faut des semaines pour les trier, les répartir et trouver des dépôts pour les stocker correctement un peu partout en France. Avec les fonds collectés à la suite de son appel à la radio, il fait construire des cités d'urgence (dont celle de Noisy-le-Grand, qui a l'apparence d'un bidonville, car elle s'inspire du projet de l'architecte américain Martin Wagner, les bâtiments sont en demi-bidon métallique (33)). Dans le meilleur des cas, ces cités qui devaient être temporaires se transformèrent progressivement en cités HLM. Le combat de l'Abbé Pierre ouvre également la voie à l'élaboration et à l'adoption d'une loi interdisant l'expulsion de locataires en hiver. La campagne de 1954 rassemble des volontaires de toute la France afin d'apporter leur aide à la redistribution, mais également de créer les premiers groupes qui se réclament de cette initiative. Il est rapidement contraint de structurer cette impulsion inattendue de générosité et le 23 mars 1954, avec ces dons, il crée l'association Emmaüs, qui vise à rassembler l'ensemble des communautés Emmaüs. Au fil du temps, la gestion des centres d'hébergement et d'accueil Emmaüs de Paris et de sa région est l'objet de l'association. Ces communautés à l'époque construisent des habitations pour les sans-abris et les accueillent en leur offrant non seulement un toit et un toit en cas d'urgence, mais aussi un travail digne. Un grand nombre de compagnons d'Emmaüs seront ainsi d'anciens sans-abri, de tous âges, genres et origines sociales, qui seront sauvés de la dégradation sociale ou parfois d'une mort certaine et rétablis dans leurs droits fondamentaux grâce aux communautés issues de cette générosité, à qui ils expriment leur gratitude en s'engageant eux-mêmes dans des actions caritatives. Emmaüs s'étend ensuite rapidement à travers le monde, grâce aux voyages de l'abbé Pierre, principalement en France et en Amérique latine. Il est naufragé en 1963 dans le *Río de la Plata* (Argentine). Après avoir été annoncé mort pendant quelques jours, l'abbé Pierre réalise que sa mort va entraîner la disparition du seul lien entre les groupes Emmaüs du monde, ce qui pourrait entraîner la disparition du mouvement. C'est donc après cet événement que l'abbé Pierre décide de préparer la création d'Emmaüs International, qui commencera en 1971.

Dès lors, très désorganisé et très spontané, le mouvement Emmaüs se structure peu à peu jusqu'à prendre sa forme actuelle. L'association Emmaüs France est fondée en 1985 et regroupe alors tous les groupes Emmaüs français, alors que l'association Emmaüs se concentre sur Paris et ne joue plus son rôle de fédération initial. Par la suite, l'abbé Pierre fonde en 1988 avec son ami Raymond Étienne *la Fondation Abbé-Pierre*, qui a pour mission de continuer son combat. *La fondation Abbé-Pierre*, reconnue d'utilité publique en 1992, vise à combattre le mal-logement.

UNE VIE

L'abbé Pierre est à l'origine d'Emmaüs avec sa secrétaire Lucie Coutaz. Toutefois, il n'a jamais été un chef d'équipe opérationnel. Peu sensible aux problèmes d'organisation, il préfère lancer et réaliser de nouveaux projets plutôt que de gérer les structures existantes (34). Ainsi, il s'oppose à plusieurs reprises à la création de l'Union centrale de communautés Emmaüs, qui en 1958 a pour objectif de professionnaliser la gestion des communautés Emmaüs, refusant de donner une « définition trop rigide de tout » (34). Tout en étant conscient de l'importance d'une telle organisation, l'abbé Pierre promouva la création d'Emmaüs International en 1971 (voir la section Développement d'Emmaüs).

Le 22 janvier 2007, à l'âge de 94 ans, l'abbé Pierre décède à l'hôpital du Val-de-Grâce, à Paris, d'une infection pulmonaire de bronchite (35,36). L'abbé Pierre est salué par toute la classe politique française, dont le Président de la République Jacques Chirac, le Premier ministre Dominique de Villepin, la candidate socialiste Ségolène Royal et le candidat de l'UMP Nicolas Sarkozy, non seulement. Un grand nombre d'associations et de fondations françaises ou internationales qui ont soutenu l'abbé Pierre dans des causes communes en faveur des plus démunis lui rendent un hommage ému par des communiqués officiels juste le jour même. Des obsèques nationales doivent être célébrées en l'honneur de l'ancien Président de la République Valéry Giscard d'Estaing. Il est même prévu d'organiser une journée de deuil national. En accord avec les attentes de *La Fondation Abbé-Pierre* et de la famille, c'est la première option qui est choisie. Les 24 et 25 janvier 2007, l'église du

Val-de-Grâce à Paris abrite une chapelle ardente ouverte à tous, pendant toute la journée. Son cercueil, simplement surmonté de sa canne et de son béret, est exposé aux remerciements du public. Le mouvement Emmaüs organise un hommage populaire à l'abbé Pierre le 25 janvier au Palais omnisports de Paris-Bercy, de 19 heures à 23 heures 37. Les hommages populaires sont rassemblés dans des livres d'or à Paris, Metz et dans la plupart des communautés Emmaüs du Sud de la France. D'autres communautés Emmaüs en France ou dans le monde reçoivent également les hommages du public en réponse aux demandes. À Lyon, sa ville natale, l'archevêque de Lyon et primat des Gaules, le cardinal Philippe Barbarin, tient une messe commémorative en la primatiale Saint-Jean.

Après avoir été demandé par la famille, les drapeaux français ne sont pas abaissés lors de l'hommage national. La famille et de nombreux membres du mouvement Emmaüs assistent aux funérailles le 26 janvier à 11 heures dans la cathédrale Notre-Dame de Paris. Plusieurs ministres sont présents, dont Jacques Chirac, Valéry Giscard d'Estaing, Dominique de Villepin, Nicolas Sarkozy, Bertrand Delanoë, Jack Lang et François Bayrou (38). Le président du Conseil français du culte musulman Dalil Boubakeur, un dignitaire orthodoxe et un moine bouddhiste (38) sont également présents lors de la cérémonie, lui remettant symboliquement des cadeaux placés sur son cercueil, posé à même le sol. Le public salue le cortège funéraire dans la cathédrale et à l'extérieur (39). Son cercueil est déplacé dans le village d'Esteville dans la Seine-Maritime, à « la Halte d'Emmaüs » (maison de repos, foyer de vacances pour personnes âgées, principalement du mouvement Emmaüs) où l'abbé Pierre a vécu plusieurs années et où se trouve un lieu de mémoire, le centre Abbé Pierre Emmaüs, propriété de la Fondation Abbé-Pierre 40. Il est inhumé dans la plus grande discrétion (41). De nombreuses personnalités politiques s'opposent à un transfert de sa sépulture au Panthéon, contrairement au désir de l'abbé (42).

MEMORADUM

Au fil de son existence, l'abbé Pierre a eu l'occasion de rencontrer les papes Pie XI, Pie XII, Jean XXIII et à plusieurs reprises Jean-Paul II. Trop fatigué pour voyager, il n'a pas pu rencontrer directement le nouveau Pape de l'époque, Benoît XVI, mais il a entretenu des relations approfondies. L'abbé Pierre a fait la connaissance de personnes influentes du domaine scientifique, politique et religieux : 1944 : l'arrestation du général de Gaulle par l'armée allemande et son évasion par l'Espagne, à Alger en Algérie française.

1945 : le père Teilhard de Chardin et le philosophe Nicolas Berdiaev, chez lui, deux hommes que l'abbé Pierre tentera vainement de concilier et de faire se comprendre l'un l'autre.

1948 : Albert Einstein à l'université de Princeton aux États-Unis pour discuter avec lui des « trois explosions atomiques » et appeler avec lui à la fondation d'un mouvement international pour le désarmement et la paix dans le monde.

1956 : le futur président tunisien Habib Bourguiba pour le convaincre de parvenir à l'indépendance de la Tunisie sans violence.

1955 : le président américain Dwight David Eisenhower dans le Bureau ovale, à qui il remet un exemplaire de son livre Les chiffonniers d'Emmaüs.

Le roi du Maroc, Mohammed V, à qui il dépêche deux missionnaires pour l'exhorter à trouver des solutions aux bidonvilles en favorisant le logement rural.

1956 : de nombreuses rencontres internationales, aux Pays-Bas, Portugal, Autriche, Inde, Suisse, Maroc. Il rencontre le Premier ministre indien Nehru, avec Indira Gandhi, et le sage indien Vinoba Vabe pour soutenir sa marche agraire non violente.

1958-1959 : Conférences dans les pays scandinaves et d'Amérique du Sud. Le ministre de l'Éducation nationale du Pérou fait appel à lui pour développer l'éducation des populations pauvres. Le père Camilo Torres Restrepo en Colombie lui demande conseil sur la position de l'Église colombienne qui renie l'action des prêtres-ouvriers. Il rencontre l'évêque des Indiens en Équateur pour lui demander de freiner la construction de lieux de cultes somptueux dans des quartiers déshérités.

1959 : au Liban, il crée à Beyrouth la première communauté d'Emmaüs multiconfessionnelle, l'Oasis de l'espérance, fondée par un musulman sunnite, un archevêque chrétien melkite et un écrivain maronite.

1962 : Il est reçu dans l'ermitage du père Charles de Foucauld à Béni-Abbès en Algérie où il réside pendant plusieurs mois.

1963 : on le presse, lors de sa convalescence en Argentine, de fédérer les communautés Emmaüs du monde dans Emmaüs International, qui se réunira en 1969 à Berne en Suisse et en 1971 à Montréal au Québec au Canada (date de création officielle de l'association Emmaüs International).

1971 : il est appelé en Inde par Jayaprakash Narayan pour représenter avec la Ligue internationale des droits de l'homme la France dans la question du règlement des réfugiés. Indira Gandhi l'invite à son tour pour traiter des réfugiés bengalis. L'abbé Pierre s'engage en fondant des communautés Emmaüs au Bangladesh.

1985 : Il apporte son soutien à Coluche qui, comme lui avant, fait un appel le 26 septembre sur les ondes pour venir en aide aux affamés. Là encore, la réponse publique à cette idée est inespérée, et Coluche, avec le soutien des associations caritatives et de nombreuses personnalités, lance le mouvement des Restos du Cœur (Coluche offrira 1 million de francs à Emmaüs quelques mois avant sa mort en mars 1986). L'abbé qui apporte son soutien y voit la preuve que son combat lancé en 1954 peut être repris aussi efficacement par d'autres après lui, et il se convainc à nouveau de l'utilité des médias pour soutenir ses propres actions dans les communautés d'Emmaüs. Dès lors, il se fera plus visible et fera appel aux personnalités (43). La Fondation Abbé-Pierre bénéficiera de la loi Coluche votée après sa mort, peu après ce lancement. La mort de son ami Coluche le marquera durement lorsque l'abbé Pierre célèbrera ses obsèques, pour reprendre ensuite son combat médiatique avec le soutien de nombreuses personnalités du spectacle et anonymes.

1988 : lancement d'une association pour la création de la Fondation Abbé-Pierre. L'abbé Pierre rencontre les représentants du Fonds monétaire international pour trouver une solution à la dette extérieure des pays du Tiers monde.

1990 : il voyage aux États-Unis et au Brésil pour accompagner la sortie du film biographique Hiver 54, l'abbé Pierre de Denis Amar avec Lambert Wilson dans son rôle et Claudia Cardinale. Film qui retrace une partie de son action et la médiatisation de son combat contre la pauvreté avec les communautés d'Emmaüs.

1991 : il s'adresse directement aux présidents George H. W. Bush et Saddam Hussein, lors de la Première Guerre du Golfe. Il exhorte le gouvernement français à prendre des initiatives pour répartir la charge des réfugiés dans le monde, par un organisme disposant de plus de moyens que le Haut-Commissariat des Nations unies pour les réfugiés actuels, avec le bon vouloir des nations. Il rencontre le dalaï-lama lors des journées interreligieuses pour la paix.

1992 : naissance de la Fondation Abbé-Pierre, reconnue d'utilité publique, habilitée à recevoir les dons des particuliers et mécènes (avec lesquels elle finance ses actions au profit des mal-logés et sans domicile fixe).

1994 : l'abbé Pierre devient propriétaire de la vigne à Farinet, la plus petite vigne cadastrée du monde, créée par Jean-Louis Barrault, et dont le vin est vendu au profit d'une œuvre humanitaire. En août 1999, à l'occasion d'une visite conjointe dans la commune suisse de Saillon à proximité, l'abbé Pierre remit la vigne au dalaï-lama, qui en est actuellement le propriétaire (44,45). L'abbé Pierre souhaita revoir cette vigne avant de mourir, et un survol en hélicoptère en était prévu avec Bruno Bagnoud, patron d'Air Glaciers, mais le fondateur d'Emmaüs quitta ce monde quelques jours avant (46).

1995 : À Sarajevo (Bosnie-Herzégovine), sous les bombardements de la ville assiégée depuis 3 ans par les forces serbes, il exhorte les nations du monde à intervenir d'urgence pour faire cesser les massacres.

1999 : il signe l'Appel à la Fraternité, en soutien au collectif du même nom (Collectif Appel à la Fraternité), lancé par Jean-Louis Sanchez (47).

2000 : Il a été parrain de l'EICD à Lyon.

2001 : le président Jacques Chirac lui remet les insignes de grand officier de la Légion d'honneur, avant de l'élever à la dignité de grand-croix, la plus haute distinction française, pour ses services rendus à la Nation.

2004 : il se rend en Algérie pour l'inauguration de maisons reconstruites par la Fondation Abbé-Pierre, après le séisme de 2003 à Boumerdès.

2006 : dernier grand combat politique, avec la Fondation Abbé-Pierre, lorsqu'il se rend à l'Assemblée nationale pour y défendre la loi Solidarité et renouvellement urbain.

UNE LUTTE

Suite à l'appel de 1954 et à la sortie du film Les Chiffonniers d'Emmaüs dédié à l'abbé Pierre, Roland Barthes examine dès 1957 son visage, qui montre tous les traits de l'apostolat : le regard bon, la coupe franciscaine, la barbe missionnaire, tout cela agrémenté par la canadienne du prêtre-ouvrier et la canne du pèlerin. On retrouve ainsi les données de la légende et celles de la modernité. » (48) Selon le sémiologue, sa coupe, « un équilibre neutre entre le cheveu court […] et le cheveu négligé », approche l'intemporalité de la sainteté et l'associe à Saint François d'Assise. De son côté, la barbe, celle du capucin et du missionnaire, incarne la misère et la vocation apostolique, tout comme pour le Père Charles de Foucauld. Son visage rappelle ainsi la spiritualité de l'être humain, la lutte de son sacerdoce et sa liberté par rapport à sa hiérarchie. Selon Pierre Bourdieu, l'abbé incarne même une attitude prophète qui « apparaît en période de disette et de crise », « exprime sa colère et son indignation » (49).

Toutefois, Roland Barthes se pose également la question de savoir si « l'iconographie magnifique et touchante de l'Abbé Pierre n'est pas l'excuse dont une grande partie de la nation se permet, une fois de plus, de substituer impunément les signes de la charité à la réalité de la justice. » Il n'a jamais perdu de popularité en France, les sondages de la presse le plaçant pendant une dizaine d'années (record inégalé) après avoir succédé au Commandant Jacques-Yves Cousteau. Après avoir été à peine éclipsé pendant un an par une seconde place temporaire liée à l'affaire Garaudy, il se classe en tête des personnalités préférées des Français, telles que celles du Journal du dimanche publiées plusieurs fois par an, jusqu'à ce qu'il demande à en être retiré au début 2004. « C'est une arme et une croix », affirme-t-il, afin de laisser les honneurs aux plus jeunes (50). L'Abbé Pierre a survécu à de nombreuses situations dangereuses : Blessé dans une profonde rupture alors qu'il aidait des personnes à s'échapper pendant la guerre (51) ; blessé par un naufragé en 1963, au Rio de la Plata entre l'Argentine et l'Uruguay (52,53) (voir section Développement d'Emmaüs).

Depuis son appel sur Radio Luxembourg en 1954 jusqu'à sa présence à l'Assemblée nationale en janvier 2006, l'abbé Pierre s'est toujours appuyé sur son image médiatique pour soutenir la loi sur la solidarité et le renouvellement urbain sur le logement social. L'inventeur de « la loi du tapage médiatique » est donc Bernard Kouchner, fondateur de Médecins sans frontières (54). Au cours des dernières années de sa vie, en dépit de la maladie et de l'âge, il se rend dans la rue pour soutenir l'association Droit au logement (DAL), notamment en 1991 et 1994 (55). Son ami de longue date Roger Garaudy (penseur marxiste et ancien responsable politique communiste converti au catholicisme puis à l'islam) est accusé et jugé pour négationnisme en avril 1996 à la suite de la parution de son livre Les Mythes fondateurs de la politique israélienne. L'une des origines de l'écrivain est le marxisme anti-israélien. Lors de ce procès, il est soutenu par l'abbé Pierre, ce qui lui vaut d'être exclu du Comité d'honneur de la Ligue internationale contre le racisme et l'antisémitisme (LICRA). Son ami de longue date Roger Garaudy (penseur marxiste et ancien responsable politique communiste converti au catholicisme puis à l'islam) est accusé et jugé pour négationnisme en avril 1996 à la suite de la parution de son livre Les Mythes fondateurs de la politique israélienne. L'une des origines de l'écrivain est le marxisme anti-israélien. Lors de ce procès, il est soutenu par l'abbé Pierre, ce qui lui vaut d'être exclu du Comité d'honneur de la Ligue internationale contre le racisme et l'antisémitisme (LICRA). Les paroles de l'abbé Pierre sur l'idée de la Terre Promise dans l'Ancien Testament sont critiquées. En effet, il critique la prise très violente de cette terre par les Israélites, comme elle est racontée dans la Bible : « Que reste-t-il d'une promesse lorsque ce qui a été promis, on vient de le prendre en tuant par de véritables génocides des peuples qui y vivaient tranquillement, avant qu'ils y entrent », dira-t-il à Bernard Kouchner. Il ne manquera pas de conclure à une véritable vocation à l'exil de ce peuple : « Je pense que — c'est ce que j'ai au fond de mon cœur — que votre mission a été ce qui, en réalité, s'est accompli partiellement — la diaspora, la dispersion à travers le monde pour porter la connaissance que vous étiez jusqu'alors les seuls à porter, malgré toutes les idolâtries qui vous entouraient (61). »

Ces déclarations sont perçues par certains comme une reprise tout juste dissimulée de l'ancienne thématique chrétienne de l'auto-malédiction d'un peuple juif « avatar de Caïn (62) » (thématique reconnue par l'Église lors de la déclaration *Nostra Ætate* issue de Vatican II (63)) et, finalement, comme « une lecture de la Bible très en accord avec l'antijudaïsme de certains catholiques avant Vatican II (64) ». Selon l'abbé Pierre, le débat sur la Shoah demeure ouvert : « Contrairement à Garaudy, ils [la LICRA] n'acceptent absolument pas le dialogue ». Selon eux, la discussion (sur le génocide des Juifs) est terminée. Il est impossible de le rouvrir avec courage. Par exemple, en ce qui concerne les chambres à gaz, il est probable que toutes celles élaborées par les Nazis n'aient pas été réalisées. (65), affirmation à laquelle l'abbé Pierre ajoute : « Cependant, mes amis de la LICRA me disent que faire de telles affirmations, c'est remettre en question la Shoah ». « Ça n'a rien de sérieux ». (65) (Roger Garaudy sera finalement jugé coupable de contestation de crimes contre l'humanité et d'incitation à la haine raciale). L'amitié avec Roger Garaudy ne doit cependant pas dissimuler les faits qui sont en faveur de l'abbé Pierre, en particulier son combat pendant la Seconde Guerre mondiale pour sauver des Juifs (note 4). Il a toujours insisté (66) sur le fait que ses actions contre les persécutions antijuives avaient précédé et suscité son engagement dans la Résistance, et que ses positions politiques sont claires lorsqu'il dénonce le fait que ces rafles antijuives ont été menées par la police française à un moment donné (été 1942) et dans un lieu (Grenoble, en zone non occupée) qui ne permettent pas d'utiliser le prétexte de la contrainte allemande.

La controverse, qui entraîne une mort définitive de l'abbé Pierre, lui vaut le désaveu de certains de ses amis. Bernard Kouchner l'accuse de « soustraire l'intolérable ». Le cardinal Jean-Marie Lustiger fustige publiquement l'Abbé. Selon sa hiérarchie, l'abbé Pierre est alors invité à prendre une pause médiatique temporaire (67) et part quelque temps en séminaire en Italie. Au Corriere Della Sera, il affirme que la presse française est « influencée par un lobby sioniste international (68) ». Cette affaire n'est toutefois pas très médiatisée par l'opinion française (note 5), qui lui renouvelle sa confiance pendant de nombreuses années, le classant en tête des personnalités françaises les plus appréciées (jusqu'à ce que l'Abbé retire lui-même son nom du classement) (69).

Dans les années 1980, l'abbé Pierre a fait une déclaration spontanée en faveur d'un groupe d'Italiens vivant à Paris et dirigeant l'école de langues Hypérion. Le 2 février 1982, le directeur de cette école, Vanni Mulinaris, avait été appréhendé et incarcéré lors d'une visite en Italie. Il était soupçonné d'appartenir aux Brigades Rouges (BR). Ensuite, il sera libéré, complètement innocenté de cette accusation (70) et même indemnisé par l'État italien pour trois ans de détention injustifiée (71). L'abbé Pierre visite régulièrement l'Italie afin de protester contre les conditions de détention sans motifs et sans procès de Vanni Mulinaris. Il rencontre le président Sandro Pertini, les juges, les avocats et plusieurs autorités morales, qui formeront un comité italien pour demander justice pour Vanni Mulinaris (le cardinal Martini, le sénateur et philosophe Norberto Bobbio, Giuseppe Branca, ancien président de la Cour constitutionnelle, bientôt rejoints par 75 autres personnalités, dont le journaliste Giorgio Bocca et le cinéaste Luigi Comencini). La grève de la faim de l'abbé Pierre dure également 8 jours du 26 mai 1984 au 3 juin 1984 dans la cathédrale Saint-Jean-Baptiste de Turin, pour demander justice. Son expérience personnelle des dérives de la justice italienne de l'époque est alors racontée. À partir de 1982, François Mitterrand va permettre aux réfugiés politiques italiens d'obtenir l'asile, pour ceux qui auraient clairement rompu avec la violence (72,73,74).

Dans son ouvrage, *Mon Dieu… Pourquoi ?* Publié en 2005 avec Frédéric Lenoir, il admet à mi-mot avoir eu des relations sexuelles pendant sa carrière de prêtre, ce qu'Henri Tincq décrit comme une « rupture du vœu de chasteté ». Il m'est arrivé de succomber à la puissance du désir de manière temporaire, mais je n'ai jamais ressenti de sensations sexuelles régulières, car je n'ai pas laissé le désir sexuel s'enraciner. J'aurais été amené à avoir une relation longue avec une femme […]. Ainsi, j'ai vécu l'expérience du désir sexuel et de son très rare accomplissement. » (75). Concernant cela, il encourage les responsables de l'Église à envisager une réforme de la discipline de l'Église en faveur de l'ordination des hommes mariés. Il considère que les Papes Jean-Paul II et Benoît XVI ne comprennent pas l'opposition à cette possibilité, l'Église autorisant l'ordination des hommes mariés dans certains rites catholiques orientaux. Il considère cette autorisation comme un moyen de combattre la pénurie de vocations. Il encourage aussi à réfléchir à la question de l'ordre des femmes (76).

LE SCANDALE

Premier rapport

Le 17 juillet 2024, Emmaüs International publie un rapport de huit pages (77) réalisé par le cabinet Egaé, qui expose les témoignages de sept femmes qui ont rapporté des « actes pouvant être considérés comme des agressions sexuelles ou des faits de harcèlement sexuel » de la part de l'Abbé Pierre entre la fin des années 1970 et 2005, l'une d'entre elles étant mineure au moment des premiers faits (78,79,80). En particulier, les témoignages collectés mentionnent des attouchements répétés sur la poitrine, habituellement commis lorsque l'abbé Pierre est seul avec ses victimes, sur lesquels il semble exercer une influence psychologique (81).

Une étude du magazine La Vie, publiée le jour de la publication du rapport, révèle des faits préexistants datant des années 1950 et 1960 (79). Le 20 juillet, quatre chercheurs travaillant ensemble de 2019 à 2021 à la Commission indépendante sur les abus sexuels dans l'Église (Ciase) dévoilent que parmi les 1200 témoignages qu'ils ont reçus à la Ciase, trois étaient portés contre l'abbé Pierre. Selon eux, il semble que « la compulsion sexuelle de l'abbé Pierre qui aboutit à l'agression récurrente soit indéniable ». Les informations archivistiques et les témoignages sont abondants et cohérents. » Le silence volontaire de la hiérarchie catholique et des dirigeants d'Emmaüs est questionné (82).

Second rapport

Le 6 septembre 2024, l'entreprise Egaé publie un deuxième rapport (83) qui mentionne dix-sept nouveaux témoignages concernant des propos à caractère sexuel, des baisers imposés, des agressions sexuelles envers une personne vulnérable et une mineure, ainsi que des fellations imposées qui peuvent être considérées comme des viols. Les accusations s'appliquent aux années 1950 à 2000 et proviennent de divers pays tels que la France, les États-Unis, le Maroc, la Suisse et le Canada. La Fondation Abbé-Pierre annonce, dans un communiqué commun (84) avec Emmaüs France et Emmaüs International, le changement de son nom et de son logo, la fermeture du lieu de mémoire d'Esteville dédié au fondateur et la création d'une commission indépendante d'historiens chargée d'enquêter sur les dysfonctionnements qui ont permis à l'Abbé Pierre de commettre des abus pendant plus de 50 ans (85,86,87). D'après La Croix, « l'accusation de femmes mineures au moment des faits, dont une âgée de 9 ans, constitue un tournant particulièrement grave dans l'affaire du fondateur d'Emmaüs [et] une escalade brutale […] qui va bouleverser radicalement la perception du « héros » de la lutte contre le mal-logement ». (88).

Réactions

Véronique Margron, qui avait été la première à avoir recueilli l'un des témoignages publiés dans le rapport, demande à Emmaüs de créer une institution de réparation pour les victimes de l'abbé Pierre, sur le modèle de l'Instance nationale indépendante de reconnaissance et de réparation (Inirr) et de la Commission de reconnaissance et de réparation (CRR). Selon elle, la responsabilité est attribuée au mouvement Emmaüs, car l'abbé Pierre en a été l'incarnation et le fondateur jusqu'à la fin. Le jour même, une enquête documentée de la cellule d'investigation de Radio France reproduit différents dossiers sur les abus de l'abbé Pierre dans les années 1950-1960 (87). Elle considère que les plaintes portées contre le prêtre font référence à un « prédateur en série », à l'instar de Jean Vanier ou des frères Thomas et Marie-Dominique Philippe. (88,89,90). Adrien Caboche, directeur général d'Emmaüs International, a déclaré lors d'une interview sur RTL le 9 septembre que le mouvement réfléchit et travaille sur la question de l'indemnisation (91). Plusieurs communes prévoient de baptiser des espaces publics en l'honneur de l'abbé Pierre (92). Lors d'une interview accordée à RCF et Radio Notre-Dame, Éric de Moulins-Beaufort, président de la CEF, annonce le 12 septembre 2024 l'ouverture des archives, en particulier pour les chercheurs de la commission indépendante créée par Emmaüs (93). Le Pape François, interrogé par un journaliste du Monde lors d'une conférence de presse le 13 septembre, affirme que le Vatican était au courant des faits de violences sexuelles de l'abbé Pierre depuis des années, au moins depuis sa mort en 2007 (94).

Nouvelles accusations

Il s'agit d'un séisme récent. 24 femmes accusent l'abbé Pierre, une figure de la lutte sociale et pendant longtemps parmi les personnalités préférées des Français, de violences sexuelles. Les 17 nouvelles accusations identifiées par le cabinet spécialisé Elaé s'ajoutent aux 7 déjà révélées en juillet. Ce lundi, la cellule d'enquête de Radio France a également révélé des prétentions de l'Abbé Pierre envers ses accusateurs. Le délégué général d'Emmaüs International, Adrien Chaboche, a reconnu ce lundi sur RTL que le nom de l'abbé Pierre était maintenant lié à celui d'un « prédateur sexuel ». Devant cette forte augmentation d'accusations, une question se pose quant au silence qui a régné pendant la vie de l'abbé Pierre, décédé en 2007.

La faute à l'institution

Véronique Margon, présidente de la Confédération des religieux et religieuses de France (Corref), exprime son indignation à l'égard du Parisien en déclarant : « Si les institutions avaient été en marche, il n'y aurait pas eu ces victimes ». L'Église de France a déjà pris plusieurs mesures depuis une dizaine d'années, telles que la mise en place de cellules d'écoute des victimes ou la formation du clergé. Après plusieurs découvertes d'abus sexuels dans l'Église catholique, le groupe socialiste du Sénat avait sollicité une commission d'enquête, qui a été transformée en mission d'information et dont le rapport a été publié en 2019. L'objectif de la mission était de former tous les ministres du culte sur les questions de violence sexuelle, en mettant en évidence les obligations de s'engager et la primauté du droit français sur leurs règles internes. Dominique Vérien, présidente au Sénat de la délégation aux droits des femmes et à l'égalité des chances entre les hommes et les femmes, exprime son regret quant à l'échec de la levée du secret médical, même si elle était favorable. Selon la sénatrice Union centriste de l'Yonne, il est essentiel qu'il y ait un signalement de la part du curé ou du médecin, de manière anonyme au moins, de la personne qui dénonce, afin de permettre une enquête interne et de permettre à la justice de faire son travail. Selon Dominique Vérien, il est également recommandé d'« élargir le champ d'action de la commission Sauvé aux violences commises à l'encontre des hommes et des femmes, comme il en est question pour l'abbé Pierre, et non pas de se limiter aux enfants ». De son côté, Marie Mercier, sénatrice LR de Saône-et-Loire et médecin de métier, qui a participé à la mission d'information de 2019, suggère de réaliser des tests psychologiques sur les jeunes lorsqu'ils font leur vœu de chasse afin de vérifier leur engagement profond.

L'ECOUTE

Emmaüs France, Emmaüs International et la Fondation Abbé-Pierre, trois associations créées par le prêtre, ont réaffirmé leur « engagement total » envers les victimes. Selon son directeur général ce lundi, Emmaüs International envisage une compensation pour les victimes de l'Abbé Pierre. Les trois associations avaient choisi de mettre en place « une étude d'écoute […] afin de déterminer si d'autres événements similaires avaient pu se produire ». Elles ont fait appel au cabinet Egaé pour collecter les témoignages.

La Fondation Abbé Pierre a également fait savoir qu'elle a entamé les procédures pour modifier son nom. Cependant, le militant Arnaud Gallais, à la tête de l'association de victimes de violences sexuelles *Mouv'Enfants*, exprime son mécontentement quant à la possibilité qu'une organisation qui n'a pas dénoncé des crimes et des faits de violences sexuelles […] puisse faire justice elle-même en mandatant un cabinet privé. Il demande que les structures se penchent sur leur responsabilité et que la justice reprenne l'affaire. Devant les révélations récentes, Véronique Margron, présidente de la Conférence des religieux et religieuses de France (Corref), appelle à « un processus de justice, de reconnaissance, de réparation » à l'instar de ce qui a été fait après le rapport de la Commission indépendante sur les abus sexuels dans l'Église (Ciase).

Elle ajoute qu'il ne s'agit pas seulement d'une rencontre dont les victimes ont besoin, mais plutôt d'une institution qui reconnaît sa responsabilité. Il n'est plus possible de poursuivre l'abbé Pierre, décédé en 2007, alors que la plupart des faits risquent d'être jugés prescrits. Un amendement de la sénatrice socialiste Laurence Rossignol propose cependant une interruption du délai de prescription lorsque l'auteur d'un premier crime sur mineur commet le même crime sur un autre mineur dans une loi sur la protection des jeunes mineurs des crimes sexuels.

LA LEGITIMITE JUDICIAIRE

Emmaüs a diffusé sur son site le 17 juillet dernier un rapport d'enquête du cabinet Egaé concernant « des actes graves commis par l'abbé Pierre ». C'est des accusations d'agressions sexuelles, y compris un baiser et des contacts non désirés sur les seins, qui ont été commises il y a plusieurs décennies. Ces découvertes, portant sur l'une des personnalités préférées des Français, qui est décédée il y a 17 ans, ont provoqué un scandale médiatique majeur. Selon notre chroniqueur Julien Sapori, cette nouvelle « justice » ne se démarque plus des principes, procédures et formalités de la justice traditionnelle.

Le choc est total, la condamnation des actions de l'abbé Pierre – autrefois personnalité préférée des Français – est unanime, qu'il s'agisse de l'Église catholique, de la classe politique, des médias et de l'opinion publique. Je ne me pencherai pas sur la légitimité de ces accusations, mais seulement sur la façon dont elles ont été collectées et sur les répercussions qu'elles ont engendrées. Ce qu'on appelle maintenant « l'affaire Abbé Pierre » nous demande une réflexion approfondie sur les principes essentiels du droit pénal romain, transmis depuis des siècles à des générations de juristes à travers notamment des locutions latines que l'on pensait (à tort, c'est évident) acquises et incontournables. Aux alentours de la fin des années 1970, une adolescente de 17 ans aurait été agressée par l'abbé Pierre. Un demi-siècle après, en juin 2023, elle continue de faire partie d'Emmaüs France et partage ces événements. Véronique Margron, sœur dominicaine, présidente de la Conférence des religieux et religieuses de France (CORREF), reprend son témoignage et le transmet aux instances dirigeantes d'Emmaüs, qui confient l'enquête au cabinet Egaé. Adrien Caboche, directeur général d'Emmaüs International, explique le choix : « Egaé, c'est d'abord un cabinet expert, connu pour son indépendance sur la place de Paris et dans toute la France, et c'est cette expertise que nous avons recherchée en premier. » Nous n'avions aucun caractère politique dans notre choix. Après un délai de deux mois, Egaé présente son rapport. Au moment des faits, six des sept victimes interrogées étaient des femmes majeures, aucune ne mentionne de viols ni de violences caractérisées, mais toutes évoquent l'influence psychologique d'un prêtre au charisme extraordinaire de son vivant et se déclarent profondément choquées, même aujourd'hui.

En 2011, Caroline De Haas a fondé Egaé, un cabinet de conseil et de formation, dont elle détient 70 % des parts. En tant que « chef d'entreprise, féministe, activiste », cette personne a été précédemment « conseillère des politiques féministes » auprès de la ministre Najat Vallaud-Belkacem. Elle a également été fondatrice en 2009 d'Osez le féminisme et, en 2018, du collectif contre les violences faites aux femmes Nous Toutes.

En 2018, elle s'était fait remarquer en déclarant à L'Obs qu'« un homme sur deux ou trois est un agresseur » et, en 2021, en se moquant pour s'opposer à l'interdiction du burkini dans les piscines de Grenoble. Elle a joué un rôle essentiel dans l'adoption du texte qui impose au secteur public de financer des formations contre le harcèlement sexuel, dont Egaé bénéficie actuellement. Le groupe Egaé, basé à Paris dans le 3e arrondissement, offre des formations et des sensibilisations dans le domaine du « conseil, de la formation et de la communication spécialisé dans l'égalité entre les femmes et les hommes, la lutte contre les discriminations, la diversité et la prévention des violences sexistes et sexuelles ».

En 2022, il a employé 28 consultants et a généré un chiffre d'affaires de 2,33 millions d'euros, en croissance de 32,3 % par rapport à l'année précédente. Elle fournit des services aux entreprises et aux administrations, telles que la Justice, la Police nationale, etc. Il est également fréquent que des clients font appel à Egaé pour justifier des sanctions en utilisant des enquêtes internes menées par le cabinet ; au moins une entreprise a été condamnée au Tribunal des prud'hommes pour un licenciement abusif basé sur l'un de ces rapports [3].

« L'affaire Abbé Pierre » met en scène une nouvelle forme de « justice » qui ne repose plus sur un texte de loi, mais seulement sur un usage qui est en train de devenir une habitude et qui semble susciter un consentement quasi universel. Il est indéniable qu'elle sera très populaire ; il me semble donc essentiel, pour les juristes, de saisir le fonctionnement de cette nouvelle « justice » qui promet un avenir prometteur. Maintenant, des individus s'arrogent le droit de « faire » la justice au nom de la société entière, en contournant les tribunaux : il est temps de comprendre les règles en vigueur. Il est primordial de reconnaître une fois pour toutes que cette « nouvelle justice » n'a rien à voir avec celle qui perdure encore aujourd'hui dans les commissariats, les brigades de gendarmerie et les tribunaux judiciaires, de plus en plus asphyxiés et paralysés par des décennies de réformes qui ont rendu le fonctionnement extrêmement complexe.

Grâce à cette évolution irrésistible vers un formalisme de plus en plus rigoureux et à l'importance croissante accordée aux avocats, de nombreuses personnes ont manqué de reconnaître la légitimité de l'institution judiciaire. Selon Caroline De Haas, en 2022, sur le réseau social X (anciennement Twitter), il a été clairement affirmé que la police nationale et la justice sont des institutions qui sont hostiles aux femmes. Afin de traiter de manière « indépendante » (dixit Emmaüs) certaines infractions, certains estiment qu'il est nécessaire de faire appel à des entreprises privées, enregistrées au registre du commerce, générant des profits importants et affichant sans hésitation leur engagement militant et leur parti pris. Seuls les « jugements » acceptés seront ceux émis entre « pairs » (c'est-à-dire des personnes qui jouent un rôle : victimes et juges ; qui sont socialement, politiquement ou ethniquement égales).

COUPABLE D'OFFICE

La parole des femmes accusatrices n'est en aucun cas contestable, même lorsqu'elle se manifeste des décennies après les faits, et qu'il n'y a eu ni témoins, ni éléments matériels, ni constatations pour la confirmer. Bien sûr, il est peu probable que plusieurs femmes qui ne se fréquentent pas accusent un homme de comportements inappropriés : et comme c'est improbable, cela devient rapidement « impossible ». Par conséquent, il n'est plus nécessaire d'apporter d'autres preuves, car il est maintenant établi que le témoignage des femmes victimes est non seulement adéquat, mais incontestable. Il est nécessaire de mettre fin au doute et à la peur de l'erreur judiciaire afin de favoriser une condamnation inévitable des personnes concernées, qui n'aura pas besoin d'être validée par un tribunal « normal ».

Plusieurs médias ont rapporté que le rapport d'enquête sur l'Abbé Pierre n'aurait pas rendu tous les témoignages de victimes dans leur intégralité. Cependant, étant donné que les personnes impliquées sont d'emblée présumées coupables, quel serait l'intérêt de reporter les auditions ? Les interviews menées par les influences et les animateurs télévisuels seront à l'origine de ces dernières, à savoir des phrases courtes, sans se perdre dans des détails superflus, et qui aboutiront, grâce à l'intuition et à l'empathie des « enquêteurs » militants, à des conclusions claires et dépourvues de tout doute. Les résultats seront définitifs, comme dans le cas du rapport de Mme De Haas concernant l'affaire de l'abbé Pierre : « La contradiction entre l'image de l'abbé Pierre, son désir de justice et d'égalité et son comportement envers les femmes entraîne une profonde fracture chez ceux qui l'admiraient et qui admiraient son engagement ». Les juges-enquêteurs de ces entreprises ne prendront donc en compte que ceux qui leur incombent. Les individus qui pourraient soutenir une interprétation à décharge du responsable ne seront pas écoutés. Par exemple, Pierre Lunel, un ami de l'abbé Pierre qui l'a fréquenté toute sa vie, qui déclare n'avoir jamais vu le moindre geste déplacé de la part du prêtre, n'est pas présent dans le dossier établi par Egaé.

En règle générale, les résultats ne prendront jamais en considération l'absence complète de témoins ou de preuves matérielles. Il ne suffira plus de prolonger les délais de prescription : il faut les abolir. Moyen d'inciter les victimes à attendre le plus longtemps possible avant de se manifester. En cas de saisie de la justice « officielle », plusieurs dizaines d'années après les faits, cette longue attente favorisera la dénonciation de son inaction ou, mieux encore, de sa complicité.

DAMNATION MEMORIAE

Il ne faut pas que la mort du responsable mette fin aux poursuites, qui doivent être interminables. Dans cette perspective, et de façon tout à fait exceptionnelle, le droit romain (bien qu'archaïque et patriarcal) peut encore être l'exemple. À la suite de la mort de l'empereur Commode, Suétone écrit dans son Histoire Auguste que « ses statues, où qu'elles soient, il faut les détruire ; son nom, il faut l'absorber de tous les monuments privés et publics ». *La damnatio memoriae* était une pratique répandue et réservée aux personnalités connues dans la Rome antique. Il s'agissait d'une condamnation post-mortem qui effaçait jusqu'au souvenir de l'individu mis en cause : armes, statues, portraits, noms de rues, commémorations, tout devait disparaître.

En témoigne le procès au corps du pape Formose à Rome, en 897, ainsi que, plus récemment, en 1991, la décapitation de la statue de l'impératrice Joséphine à Fort-de-France. En ce qui concerne l'abbé Pierre, *la damnatio memoriae* a commencé : son tableau a déjà été récupéré par l'antenne d'Emmaüs de Seine-Saint-Denis et il n'y a aucun doute sur le fait que le prêtre ne sera jamais béatifié. Les punitions prévues par cette « nouvelle » justice diffèrent de celles auxquelles nous avait habitués le droit : prison avec ou sans sursis, amendes pénales, etc. Non, elle a une préférence pour le pilori, ce qui entraîne une humiliation et une mise au ban (à vie, bien sûr, car il s'agit de fautes « impardonnables », comme le répètent certains responsables d'Emmaüs).

Consciente de cette nouvelle justice, elle admet le risque d'erreur, considérant qu'il est inévitable, et encourage ainsi les innocents injustement condamnés à se résigner pour la bonne cause. Selon Joseph Caillaux, il y avait un raisonnement similaire chez les anti-dreyfusards qui accusaient le capitaine malgré la pauvreté extrême des personnes à charge, et il concluait : « Certains, plus intelligents, admettaient que, lorsque le capitaine Dreyfus aurait été injustement condamné, ils souhaitaient le voir rester [quand même] dans un « in pace ». [13], ce qui signifie en cellule. De toute façon, lorsque l'on est totalement certain de ses certitudes, tout se passe toujours parfaitement dans le meilleur des mondes.

MORALITE CHRETIENNE

Les abus dans l'Église étaient restés jusqu'à présent une affaire de catholiques, une affaire d'Église. Le rapport de la CIASE avait été un appel à rendre compte aux membres de l'Église et aux victimes d'un aveuglement responsable. L'Église avait transmis au monde un message d'humilité et d'un désir de vérité. Le monde ne demandait rien d'autre, seuls les victimes et les catholiques étaient en mesure de demander davantage. À cet instant, le scandale déborde les limites de l'Église, touchant une personnalité qui faisait partie de la société française.

Si l'abbé Pierre est un prédateur sexuel, qui peut-il être bouleversé par cela ? Plusieurs générations de Français, de ceux qui ont entendu l'appel de l'hiver (54) jusqu'à ceux qui encore chinent chaque samedi à Emmaüs, ainsi que les 70 000 personnes qui sont accueillies, hébergées, aidées et accompagnées chaque année par Emmaüs, sans oublier tous ceux que la Fondation Abbé Pierre a soutenus… La réponse est impressionnante ! Le visage de l'Église proche de sa vocation avait été exposé par l'abbé Pierre. Certes, il y avait des défauts et des faiblesses, mais il y avait une Église qui dérange, qui se rassemble pour lutter contre l'injustice, une Église qui se façonne autour de celui qui a faim, celui qui a soif, celui qui est étranger, celui qui est nu, celui qui est malade, celui qui est en prison. Une Église qui s'abaisse par amour parce qu'elle sait que le Christ est présent dans celui qui souffre. Il n'est pas possible de renier l'abbé Pierre, il était prêtre et faisait partie de l'Église catholique. Les désirs fous et parfois honteux qui traversent notre esprit sont présents chez nous tous. Cependant, grâce à notre intelligence, nous ne les mettons pas en œuvre, car nous avons un principe fondamental qui guide tout notre comportement moral : le respect de l'autre. Cela ressemble à un impératif qui nous est imposé de manière inévitable : Ça, jamais ! Ce n'est pas parce que nous rêvons d'empaler notre supérieur et de le faire cuire à petit feu que nous mettrons en œuvre ce fantasme morbide, justement parce que, entre les délires de l'imagination et l'action, il y a ce principe latent qui gouverne notre comportement moral.

Dans l'histoire, il s'est passé que des hommes, après avoir vécu une vie dégradante, se rendent compte de leurs erreurs, se repentent et deviennent ermites, religieux, moines... Cependant, lorsqu'il s'agit de prédateurs sexuels déjà prêtres, le problème est bien plus complexe : il s'agit d'hommes supposés être des sages, qui ont décidé de tout abandonner pour suivre l'appel du Christ, qui ont fait des années d'études, qui sont supposés mener une vie de prière, avoir lu et médité les Écritures, et bénéficier du soutien liturgique. Les actes barbares qu'ils commettent démontrent que toutes leurs années de formation religieuse, biblique, philosophique n'ont finalement rien donné, car ils ne savent même pas respecter les principes fondamentaux de toute moralité : ils ne savent pas respecter leur prochain, en particulier envers les plus petits et les plus vulnérables.

LA REPENTANCE

Dans le but d'agir en faveur du bien, on commet en réalité un mal encore plus grave lorsque, au nom d'une charité mal placée, on prétend renoncer à demander la justice… Puisque le prédateur est privé d'une opportunité de sauver son âme. Parfois, la justice des hommes, même si elle est difficile, permet à certains de réaliser la gravité de leurs crimes et de se repentir. C'est peut-être ce que signifie « aimer ses ennemis », donner au prédateur une opportunité de se repentir et d'échapper ainsi à la tourmente éternelle.

Les autorités de l'Église utilisent fréquemment le pardon pour contraindre les victimes à se taire. « Il faut pardonner maintenant », « Vous devriez tourner la page ! » En agissant de cette manière, ces individus contribuent à ce processus pervers qui implique de renvoyer l'accusation sur la victime. Aujourd'hui, l'Église catholique a perdu toute crédibilité. Non pas à cause des agresseurs sexuels, mais à cause de ceux qui les ont protégés, et en premier lieu les responsables de l'Église : les évêques, les cardinaux et les papes. L'abbé Pierre est mort, mais la soif de justice n'est pas éteinte par la mort de l'abbé Pierre. Étant donné le poids considérable de ce silence, nous estimons qu'il est essentiel de reconnaître le statut des victimes. Il est essentiel d'assumer la responsabilité de ceux qui ont observé mais ont détourné le regard, ont compris mais n'ont rien fait, ont entendu mais n'ont pas écouté, et de juger leur complicité, qu'elle soit active ou passive. Le choix privilégié pour une réputation positive auprès du monde, que de nombreuses personnes conscientes ont fait au détriment de la justice, mérite d'être dénoncé pour ce qu'il est également : un scandale devant Dieu. S'il est vrai que la renommée de l'auteur de ces faits est, en l'occurrence, exceptionnelle, cela ne retire pas l'impression persistante de déjà-vu : la personnalité charismatique érigée en icône, les complicités de toutes sortes au sein de l'institution, le déni de justice imposé aux victimes par une conspiration du silence, tout cela a déjà été dénoncé à plusieurs reprises lors des affaires révélées récentes.

LE VŒU DE CHASTETE

Une fois de plus, le caractère systémique des facteurs qui, dans le fonctionnement de l'institution-Église, comme dans sa parole, rendent possibles ces trajectoires criminelles et ces vies brisées, facteurs que la CIASE (Commission indépendante sur les abus sexuels dans l'Église) a analysés dans son rapport rédigé en octobre 2021. Toute prise de parole institutionnelle, qui nous assure (ébranlée et résolue) que leur surprise et leur effroi sont immenses, que le nécessaire est fait, que des mesures sont prises, sera-t-elle désormais considérée comme inexacte ? La mise en valeur prématurée de la Parole institutionnelle entraîne une dévalorisation de la Parole fondamentale, celle de l'Évangile également. C'est dramatique, et il est impératif de prendre des mesures. Le chantier est considérable, car la prise en compte est encore insuffisante, le processus de prise en charge des victimes est encore amateur et illisible, et la clarté de la gouvernance et de la justice de l'Église est encore floue. Dès les années 1950, l'abbé Pierre n'avait pas forcément adhéré aux vœux de chasteté liés à son statut d'ecclésiastique. Ces enjeux réputationnels n'ont pas été nécessairement liés aux enjeux de distanciation de l'abbé Pierre pour la galaxie Emmaüs, car l'organisation, non confessionnelle, était peu liée à l'Église et à sa hiérarchie et était relativement autonome sur le plan financier. Il s'agissait davantage de maîtriser une personne qui était encline à gérer des structures ou à respecter les règles en général. De plus, l'abbé Pierre a causé des difficultés à Emmaüs dans les années 1990 en s'associant au révisionniste Roger Garaudy ou en se rapprochant publiquement d'associations « concurrentes » telles que le

Droit au logement, dont les méthodes d'action ou les objectifs étaient différents de ceux d'Emmaüs.

Les vœux de chasteté liés à son statut d'ecclésiastique n'étaient pas toujours respectés par l'abbé Pierre dès les années 1950. Ces enjeux de distanciation de l'abbé Pierre pour la galaxie Emmaüs n'ont pas été à l'origine de ces enjeux réputationnels, car l'organisation, non confessionnelle, était peu liée à l'Église et à sa hiérarchie et était relativement autonome sur le plan financier. L'objectif principal était de maîtriser une personne qui a une préférence pour la gestion de structures ou le respect des règles en général. D'autre part, au cours des années 1990, l'abbé Pierre a causé des difficultés à Emmaüs en s'associant au révisionniste Roger Garaudy ou en se rapprochant publiquement d'associations « concurrentes » telles que le Droit au logement, dont les méthodes d'action ou les objectifs étaient différents de ceux d'Emmaüs.

SANCTIONS ET REPARATIONS

Le 4 septembre, le rapport d'Egaé rapporte plusieurs agressions sexuelles, notamment sur une personne vulnérable et sur une enfant, ainsi que des viols. Après ces révélations, la Fondation Abbé Pierre prend une série de mesures, renonçant totalement à la figure de l'Abbé Pierre dans son action et sa communication. Les trois associations adoptent des mesures radicales de distanciation envers leur héritage historique et une révision de leur politique culturelle. De cette façon, la Fondation Abbé Pierre adopte une nouvelle appellation, Emmaüs France envisage de retirer la mention « fondateur Abbé Pierre » de son logo, et le lieu de mémoire dédié à l'abbé Pierre restera définitivement fermé. Il est possible que d'autres révélations se produisent encore, alors que de nombreuses mesures de purge historique ont déjà été annoncées. L'organisation doit s'appuyer sur des valeurs qui permettent de rassembler la communauté de bénévoles, de salariés et de donateurs et de les accompagner dans leur vécu que l'on pourrait qualifier de « deuil organisationnel » afin de survivre dans le processus de distanciation de son fondateur. Ensemble, défendons fermement nos principes de fraternité et d'optimisme pour l'avenir, et continuons d'agir pour faire reculer la pauvreté et l'exclusion ! Aujourd'hui, la lutte pour Emmaüs se poursuit. Un défi incroyable pour ceux qui portent son nom au quotidien et qui suscitent l'admiration de certains. Il ne s'agit pas d'une stratégie visant à faire tomber Emmaüs, j'ai cru en adhérant à l'abbé Pierre, en objectivant « la présomption d'innocence » et en ayant reçu la réponse : « Il est coupable d'imposition. » Il est inutile de procéder à un procès post mortem. Les accusations qui lui sont faites aujourd'hui remontent aux années cinquante. On doit trouver une solution, accepter et pardonner.

ANNEXE

Distinctions et hommages

Décorations Abbé Pierre

Françaises

Grand-croix de la Légion d'honneur le 13 juillet 200495

Grand officier en 1992 (remis neuf ans plus tard, le 19 avril 2001). Il refuse initialement de la porter pour protester contre le refus de l'État français d'attribuer des logements vides à des SDF.

Commandeur en 1987 pour son action pour le logement des défavorisés.

Officier en 1981 au titre des Droits de l'homme

Chevalier à titre militaire le 19 décembre 1946

Croix de guerre 1939-1945 avec deux palmes (citations des 12 février 1945 et 19 décembre 1946)

Médaille de la Résistance française (décret du 5 juin 1945) 96

Médaille des Évadés

Croix du combattant volontaire de la guerre de 1939-1945 (1946)

Croix du combattant

Médaille commémorative française de la guerre 1939-1945 avec agrafes « France » et « Libération »

Étrangères

Médaille de la Résistance belge (14 juillet 1947, Belgique)

Grand officier de l'Ordre national du Québec lors de la visite officielle à Paris du premier ministre de la province du Québec Jacques Parizeau en janvier 1995 (97) (Québec)

Officier de l'ordre national du Cèdre (Liban)

Récompenses diverses

Médaille d'or Albert Schweitzer de la Fondation Goethe (à Bâle, Suisse) en 1975, remise par René Lenoir, secrétaire d'État français (98).

1991 : Prix Balzan pour l'Humanité, la paix et la fraternité des peuples, « pour son combat pour les droits de l'homme, la démocratie, la paix, pour la lutte contre les souffrances spirituelles et physiques, et pour la solidarité universelle au travers des communautés Emmaüs » (99).

Honneurs posthumes

22 janvier 2008 : à l'occasion du premier anniversaire de sa mort, une plaque à la mémoire de l'abbé Pierre est symboliquement dévoilée par un compagnon d'Emmaüs et un SDF sur l'immeuble de la rue des Bourdonnais (Paris) où l'association Emmaüs s'était installée après l'hiver 1954 à Paris.

Une plaque est posée en son honneur sur le mur du lycée Saint-Marc et inaugurée le samedi 13 décembre 2008 en présence de représentants de la famille Grouès, du mouvement Emmaüs, de Philippe Barbarin, Jean-Jack Queyranne, Michel Mercier, et de Gérard Collomb. Une célébration eucharistique présidée par le cardinal Barbarin dans la chapelle du lycée Saint-Marc a suivi l'inauguration.

À l'occasion du troisième anniversaire de sa mort, La Poste française émet un timbre-poste au tarif le plus courant à son effigie, le 22 janvier 2010.

À l'occasion du centième anniversaire de sa naissance, la Monnaie de Paris édite une pièce de 2 € commémorative à son effigie en juillet 2012.

À l'occasion du sixième anniversaire de la mort de son fondateur, la Fondation Abbé-Pierre pour le logement des défavorisés érige une statue à son effigie à l'entrée de sa Délégation générale à Paris 100.

Un collège de Nueil-les-Aubiers (Deux-Sèvres) et une école à Hédé en Ille-et-Vilaine portent son nom.

Toponymes :

Jardins Abbé-Pierre – Grands-Moulins (Paris) ; à la suite des accusations d'abus sexuels de l'abbé Pierre, la mairie de Paris envisage de débaptiser le jardin 101.

Résidence Henri-Grouès à Bezons, rue Danièle Mitterrand.

Œuvres

Les droits d'auteur et autres droits dérivés provenant de la vente ou de la diffusion de ses livres, disques audio et vidéo sont reversés par l'abbé Pierre tout au long de sa vie au mouvement Emmaüs puis à la Fondation Abbé-Pierre à partir de la création de celle-ci en 1988. Depuis sa mort, Emmaüs International est légataire universel de ces droits (102).

Ouvrages

1954 : *Donnons-leur un toit aujourd'hui*, lettre de l'abbé Pierre au ministre de la Reconstruction.

Réédition en fac-similé du livret de 1954, avec P. Dufau, R. Gid, R. Morel, G.-H. Pingusson et F. Spoerry, Éditions du Linteau, 2011.

1988 : *Cent poèmes contre la misère,* éd. Le Cherche-midi, Paris (ISBN 978-2-86274-141-3).

1994 : Testament... (ISBN 978-2-7242-8103-3).

Réédition 2005, éd. Bayard/Centurion, Paris (ISBN 978-2-227-47532-8).

1994 : *Une terre et des hommes*, Éd. du Cerf, Paris.

1996 : *Dieu Merci*, éd. Fayard/Centurion, Paris.

1996 : *Le Bal des exclus,* Éd. Fayard, Paris.

1997 : *Mémoires d'un croyant,* Éd. Fayard, Paris.

1999 : Fraternité, Éd. Fayard, Paris.

1999 : Paroles, éd. Actes Sud, Paris.

1999 : *C'est quoi la mort ?* Livre didactique destiné aux enfants, Éd. Albin Michel, Paris. Nombreuses traductions et rééditions dans divers pays.

2002 : *Confessions,* éd. Albin Michel, Paris (ISBN 978-2-226-13051-8).

2002 : *Je voulais être marin, missionnaire ou brigand*, rédigé avec Denis Lefèvre, éd. Le Cherche-midi, Paris (ISBN 978-2-7491-0015-9).

Réédition en poche, éd. J'ai lu, Paris (ISBN 978-2-290-34221-3).

2004 : *L'Abbé Pierre parle aux jeunes,* avec Pierre-Roland Saint-Dizier, éd. du Signe, Paris (ISBN 978-2-7468-1257-4).

2005 : *Le Sourire d'un ange,* Éd. Elytis, Paris.

2005 : *Mon Dieu... Pourquoi ?* Petites méditations sur la foi chrétienne et le sens de la vie, avec Frédéric Lenoir, éd. Plon (ISBN 978-2-259-20140-7). Recueil où sont également abordés des sujets d'actualité comme le célibat des prêtres, l'ordination des femmes, le fanatisme religieux, le désir et le sexe, le mariage homosexuel.

2006 : Servir : Paroles de vie, avec Albine Navarino, éd. Presses du Châtelet, Paris (ISBN 978-2-84592-186-3).

2007 : Clandestin, 1942-1944, éd. Vollodalen, coll. Citadelle, Paris (ISBN 978-2-9522069-3-8). Reprend le texte d'une conférence prononcée par l'abbé Pierre le 23 avril 1945.

2007 : N'oublions pas les jeunes, éd. DDB (ISBN 978-2-220-05454-4). Le dernier cri de l'abbé Pierre en faveur des jeunes, de l'éducation, du logement, en collaboration avec Christophe Robert, directeur des études à la Fondation Abbé-Pierre, et Patrick Doutreligne, délégué général de la Fondation Abbé-Pierre.

2011 : Les Combats de l'Abbé Pierre, Denis Lefèvre, éd. Biography & Autobiography.

2012 : Abbé Pierre, Inédits. Textes de combat, écrits intimes, correspondances, Éd. Bayard.

2020 : Rien sauf l'essentiel : Coluche et l'abbé Pierre, La rencontre qui décida du destin des Restos du Cœur, L'Harmattan.

Livres d'entretiens

1987 : Bernard Chevalier interroge l'abbé Pierre : Emmaüs ou Venger l'homme, éd. Le Centurion ; rééd. LGF/Livre de poche, Paris (ISBN 978-2-253-04151-1).

1993 : Dieu et les hommes, entretien avec Bernard Kouchner, dialogues et propos recueillis par Michel-Antoine Burnier, éd. Robert Laffont (ISBN 978-2-221-07618-7).

Réédition France loisirs, 1994

1994 : Absolu entretien avec Albert Jacquard, Éd. du Seuil, Paris.

Réédition sous le titre En route vers l'absolu, Flammarion, 2000.

1999 : J'attendrai le plaisir du Bon Dieu : l'intégrale des entretiens d'Edmond Blattchen, éd. Alice, Paris.

2004 : Abbé Pierre et père Pedro Opeka, Pour un monde de justice et de paix : entretiens, Paris, Presses de la Renaissance, 230 p. (ISBN 978-2-7509-0044-1).

2006 : L'abbé Pierre : entretien et portrait, par Ariane Laroux, coll. « Portraits parlés », éd. L'Âge d'Homme.

Discographie

1989 : Les Enfants sans Noël, avec une chorale d'enfants et une pléiade d'artistes, au profit d'Emmaüs.

2001 : Radioscopie : Abbé Pierre – Entretien avec Jacques Chancel, CD audio.

1988-2003 : Éclats de voix, suite de CD audio, poèmes et réflexions, en quatre volumes :

Vol. 1 : Le Temps des Catacombes, rééd. label Celia.

Vol. 2 : Hors de Soi, rééd. label Celia.

Vol. 3 : Corsaire de Dieu, rééd. label Celia.

Vol. 4 : L'Éternel combat, label Scalen.

2003 : CD Merci l'abbé de Gérard Verchère.

2004 : Paroles de paix de l'abbé Pierre, suivi de l'appel de l'hiver 54 réenregistré par l'abbé Pierre pour le 50e anniversaire, CD audio, label Frémeaux & Associés, Créations pour la paix, direction artistique : Christiane Gugger.

2005 : CD Testament…, pour fêter le 56e anniversaire de la fondation d'Emmaüs (réflexions personnelles, textes et paroles inspirées de la Bible) (ISBN 978-2-227-47532-8).

2005 : Avant de partir…, Testament audio de l'abbé Pierre, CD audio et vidéo pour PC, prières et musiques de méditation.

2006 : L'Insurgé de l'amour, label Revues Bayard, Paris.

Archives

Le fonds d'archives de l'abbé Pierre, renfermant toute sa documentation ainsi que celle d'Emmaüs International, est conservé aux Archives nationales du monde du travail103.

Note et référence

Notes

Renommée rue Louis Thévenet en 1937.

L'abbé Pierre a livré son récit, très tôt, dans une conférence donnée le 23 avril 1945, dans le cadre des « conférences de l'information », au palais de Chaillot.

Soit 12 162 261 € en 2022.

Voir à cet égard la tribune de Jean-Claude Duclos, conservateur du musée de la Résistance et de la Déportation de l'Isère, évoquant l'hommage national rendu aux Justes français au Panthéon, quelques jours avant la mort de l'abbé Pierre. Duclos affirme que l'action de l'abbé Pierre en faveur des Juifs pendant la guerre est incontestable. « Il aurait mérité dix fois d'être fait juste parmi les nations [archive] ».

En 1996, l'abbé Pierre perd une place au classement de la personnalité des Français de l'institut de sondage IFOP, conservant tout de même la deuxième place. Cette chute de popularité dans l'opinion publique a été analysée comme une réaction à son soutien de Garaudy (Le Figaro, 24/01/07, p. 9).

Références

Insee, « *Extrait de l'acte de décès de Marie-Joseph Henry Grouès [archive]* », sur MatchID.

Archives municipales de Lyon, « Registre des naissances 01/01/1912 – 31/12/1912 : Cote 2 E2981 [archive] », sur fondsen-ligne.archives-lyon.fr (consulté le 14 octobre 2023), p. 84

Jean-Louis Beaucarnot, *Quand nos ancêtres partaient pour l'aventure,* JC Lattès, 1997, p. 107.

André Bonnet, Michel Bolasell, *Les insurgés de la pauvreté,* Philippe Rey, 2016, p. 83.

« François Garby [archive] », sur Musée de l'Ordre de la Libération (consulté le 20 novembre 2023)

Denis Lefèvre, Les combats de l'abbé Pierre, Le Cherche Midi, 2011, p. 15.

Aymeric Renou, « *L'abbé Pierre a mené une double vie de tartuffe* » : les confessions du biographe de l'homme d'Église, Le Parisien, 22 juillet 2024 (lire en ligne [archive])

Denis Lefèvre, *Les combats de l'abbé Pierre*, Le Cherche Midi, 2011, p. 27.

Gilles-Marie Moreau, *La cathédrale Notre-Dame de Grenoble,* L'Harmattan, 2012, p. 227.

Julien Arbois, *Histoires insolites de la Résistance française,* City, 2015, 230 p. (ISBN 978-2-8246-0625-5 et 2-8246-0625-8, OCLC 920031841).

Voir [archive].

Sur cette période de la vie de l'abbé Pierre, voir Gilles-Marie Moreau, *La cathédrale Notre-Dame de Grenoble,* L'Harmattan, 360 p., 2012 (ISBN 978-2-336-00250-7).

Christian Sorrel, *La Savoie,* Éd. Beauchesne, 1996, 441 p.

« La vie de l'abbé Pierre [archive] », sur Fondation Abbé-Pierre.

« Région Lorraine / Il y a 70 ans, l'abbé Pierre était élu député de Meurthe-et-Moselle », L'Est républicain, 18 octobre 2015 (lire en ligne [archive], consulté le 7 août 2020).

Profession de foi de l'abbé Pierre de juin 1946 [archive].

« Assemblée nationale : archives député Henri Pierre Grouès (abbé Pierre) [archive] », sur Assemblée nationale, 11 octobre 2016 (consulté le 11 octobre 2016).

« Frère des pauvres, provocateur de paix » [archive], sur Emmaus-International.org (consulté le 31 août 2019).

« L'abbé Pierre, fédéraliste européen et mondial [archive] », sur UEF.fr (consulté le 31 août 2019).

« Plusieurs personnalités internationales lancent un appel en faveur de la citoyenneté mondiale », Le Monde, 4 mars 1966.

Abbé Pierre et Bernard Kouchner, Dieu et les hommes (dialogues), Paris, Robert Laffont, 1993.

Brodiez-Dolino 2008, p. 39.

Brodiez-Dolino 2008, p. 40.

C'est la même démarche qu'a utilisée l'abbé Édouard Froidure, onze ans auparavant en Belgique.

Albine Novarino, L'abbé Pierre, Paris, Éditions du Huitième Jour, 2007 (ISBN 978-2-914119-88-7).

Brodiez-Dolino 2008, p. 67.

Il s'agit bien sûr d'anciens Francs.

« Convertisseur franc-euro [archive] », sur Insee.fr (consulté le 11 août 2023)

« La Cape de l'Abbé Pierre… [archive] », sur aaspp91.net, 1er septembre 2019.

Thomas Martin, Le saviez-vous ? La cape de l'abbé Pierre appartenait à un pompier de Paris, Actu.fr, 22 janvier 2022 (lire en ligne [archive], consulté le 18 juillet 2024)

Appel de l'abbé Pierre du 1er février 1954 [archive] – Site officiel d'Emmaüs France [PDF].

« L'abbé Pierre, fondateur d'Emmaüs, est mort », Le Monde, 22 janvier 2007 (lire en ligne [archive]).

EMMAÜS Société anonyme [archive] – Blog : Laboratoire urbanisme insurrectionnel.

Axelle Brodiez-Dolino, Emmaüs et l'abbé Pierre, Paris, Presses de Sciences-Po, 2008 (ISBN 978-2-7246-1094-9).

AFP, « L'abbé Pierre est mort », Le Monde, 22 janvier 2007 (e-ISSN 2262-4694), lire en ligne [archive du 16 février 2013]

consulté le 23 avril 2022

« La mort de l'abbé Pierre : hommage national vendredi, DECES », Nouvel Obs, 22 janvier 2007 (lire en ligne [archive], consulté le 19 janvier 2024)

Cyrille Louis, Tous unis pour chanter l'abbé Pierre à Bercy, Le Figaro, 26 janvier 2007 (lire en ligne [archive], consulté le 17 juillet 2024)

« Funérailles de l'abbé Pierre à Notre-Dame », L'Express, 26 janvier 2007 (lire en ligne [archive], consulté le 25 juillet 2017)

« Hommage national à l'abbé Pierre », L'Obs, 26 janvier 2007 (lire en ligne [archive], consulté le 17 juillet 2024).

Centre abbé Pierre Emmaüs – Esteville [archive].

AFP, « L'abbé Pierre inhumé dans l'intimité », Le Monde, 25 janvier 2007 (lire en ligne [archive], consulté le 17 juillet 2024).

« Camus au Panthéon [archive] », sur Le Blog de Jean-Jacques Aillagon (consulté le 19 juillet 2024)

« Coluche et l'abbé Pierre, deux appels à la solidarité [archive] », sur France Inter, 9 juillet 2017 (consulté le 14 septembre 2024)

Dalaï-lama [archive], Site web de Saillon.

« His Holiness the Dalai Lama to visit Switzerland bestows two public talks to the People of Geneva » [archive], Bureau du Tibet.

« L'abbé Pierre est mort » [archive].

« L'Appel à la Fraternité – Ateliers Du Vivre Ensemble [archive] », sur Ateliers Du Vivre Ensemble, 24 avril 2020 (consulté le 7 août 2020).

« Iconographie de l'abbé Pierre » dans Mythologies, Roland Barthes, Éditions du Seuil, Paris, 1957.

Luc Le Vaillant, « L'abbé ne fait pas le moine », Libération, 25 septembre 2002 (lire en ligne [archive]).

Vivien Vergnaud, « Qui était l'abbé Pierre ? », Le Journal du dimanche, 22 janvier 2022 (lire en ligne [archive], consulté le 18 juillet 2024)

Boris Thiolay, Le combat sans fin de l'abbé Pierre, L'Express, 25 janvier 2007 (lire en ligne [archive], consulté le 18 juillet 2024)

Brodiez-Dolino 2008, p. 191.

« L'abbé Pierre rescapé d'un navire en perdition », INA, 11 juillet 1963 (lire en ligne [archive], consulté le 18 juillet 2024)

« C'était ta grande découverte : autant qu'aider, il faut témoigner. » Sans paroles, sans images, pas d'indignation. Bernard Kouchner à l'abbé Pierre, Dieu et les Hommes, éd. Robert Laffont, 1993.

Bertrand Bissuel, 1954-2007 : les héritiers d'Emmaüs, Le Monde, 26 janvier 2007 (lire en ligne [archive], consulté le 18 juillet 2024)

Cité dans Michaël Prazan & Adrien Minard, Roger Garaudy, Itinéraire d'une négation, février 2007, Calmann-Lévy.

Annette Lévy-Willard, L'abbé Pierre, un antijudaïsme qui date [archive] », Libération, 7 juin 1996

L'abbé Pierre s'explique à ce sujet dans le documentaire Un abbé nommé Pierre, une vie au service des autres, documentaire télévisé de Claude Pinoteau, en précisant le soutien « à titre amical » apporté à la personne de Roger Garaudy et non aux propos qu'il a tenus dans son livre, dont il n'avait pas pris connaissance.

« L'abbé Pierre exclu de la LICRA [archive] », L'Humanité, 2 mai 1996.

Pierre Vidal-Naquet [archive]. Analyse des relais dont disposent les négationnistes sur les Juifs et le judaïsme.

Passage censuré dans Dieu et les Hommes, publié dans Le secret de l'abbé Pierre de Michel-Antoine Burnier et Cécile Romane, éd. Mille et une nuits, Paris 1996, p. 11. 10.

« Chrétiens et Juifs : 4. Juifs déicides, maudits, etc. » [archive], sur rivtsion.org.

Site officiel du Vatican [archive].

« La mort de l'abbé Pierre – L'ami du révisionniste Garaudy » [archive] sur Le Nouvel Observateur, consulté le 27 mars 2010.

Gilles MADJA, « L'abbé Pierre persiste et s'exclut de la LICRA » [archive], L'Humanité, 30 avril 1996.

Avril 1945, Conférence de Chaillot.

col.fr – Mort de l'abbé Pierre [archive].

Libération datée du 23 janvier 2007, p. 4.

« Le top 50 des personnalités » [archive], 12/06, sondage IFOP pour Le Journal du dimanche, p. 12 et suivantes.

Tribunal de Venise le 21 décembre 1990 et de Rome en décembre 1989.

Bernard Langlois (dir.), L'abbé Pierre plaide le Dossier Mulinaris, collection Résistance, Éditions du Centurion, 1985.

D'après le Corriere della Sera cité dans « La presse étrangère dénonce l'« indécente récupération » de son combat », Courrier international, 23 janvier 2007 (lire en ligne [archive]).

(it) « Abbé Pierre, il frate ribelle che scelse gli emarginati », Corriere della Sera, 23 janvier 2007 (lire en ligne [archive]).

AFP, « L'abbé Pierre et les Brigades rouges italiennes : un épisode méconnu », La Croix, 23 janvier 2007 ; Alain Auffray, « D'inattendues amitiés brigadistes », Libération, 24 janvier 2007 (lire en ligne [archive], consulté le 17 juillet 2024) ; (it) « Quel giorno in tribunale con lui difese i terroristi rossi e l'Hyperion », Corriere della Sera, 23 janvier 2007 (lire en ligne [archive]).

Henri Tincq, « L'abbé Pierre révèle qu'il a commis le « péché de chair », Le Monde, 28 octobre 2005 (lire en ligne [archive])

Consulté le 17 juillet 2024.

« Son incompréhension était la même à l'égard des positions du magistère sur l'ordination des femmes : quelles que soient leurs éminentes fonctions, ceux qui prennent de telles positions, estime le fondateur d'Emmaüs, n'ont jamais avancé un seul argument théologique décisif qui démontre que l'accès des femmes au sacerdoce serait contraire à la foi. » Lettre du 1er novembre 2005 à Benoît XVI, citée par Jean-Claude Lacaze, Le christianisme face à la crise écologique mondiale, L'Harmattan, 2009, p. 109-110.

Caroline De Haas, Rapport d'enquête Emmaüs International – Emmaüs France [archive] » [PDF], sur Emmaüs International, 17 juillet 2024 (consulté le 17 juillet 2024).

Matthieu Lasserre, « L'abbé Pierre accusé d'agressions sexuelles par plusieurs femmes », La Croix, 17 juillet 2024 (ISSN 0242-6056, lire en ligne [archive], consulté le 17 juillet 2024)

Pierre Jova et Laurence Faure, « Révélations sur des agressions sexuelles commises par l'abbé Pierre », La Vie, 17 juillet 2024 (lire en ligne [archive], consulté le 17 juillet 2024)

AFP, « L'abbé Pierre accusé d'agressions sexuelles sur au moins sept femmes, selon un rapport commandé par Emmaüs et la Fondation Abbé Pierre », Le Monde, 17 juillet 2024 (lire en ligne [archive])

Arthur Eryeh-Fort et Félix Pommier, De quoi l'abbé Pierre est-il accusé ? Comprendre en trois minutes, Le Monde, 23 juillet 2024 (lire en ligne [archive])

Philippe Portier, Paul Airau, Thomas Boullu et Anne Lancien, Révélations sur l'abbé Pierre : « La compulsion sexuelle du clerc catholique paraît indubitable », Le Monde, 20 juillet 2024 (lire en ligne). [Archive]

Groupe Egae, « Dispositif d'écoute et de recueil de témoignages [archive] » [PDF], sur Emmaüs France, 4 septembre 2024 (consulté le 6 septembre 2024)

« Emmaüs International, Emmaüs France et la Fondation Abbé Pierre rendent publics de nouveaux faits graves commis par l'abbé Pierre [archive] », sur Emmaüs France, 6 septembre 2024 (consulté le 6 septembre 2024).

« Après de nouvelles accusations de violences sexuelles contre le religieux, la Fondation Abbé Pierre va changer de nom », Le Figaro avec l'AFP, 6 septembre 2024 (lire en ligne [archive])

Claire Ané, « Le mouvement Emmaüs publie de nouveaux témoignages contre l'abbé Pierre, relatant des viols et l'agression sexuelle d'une enfant », Le Monde, 6 septembre 2024 (lire en ligne [archive])

Laetitia Cherel, « Quand l'abbé Pierre menaçait ceux qui dénonçaient ses agissements », Radio France, 9 septembre 2024 (lire en ligne [archive])

Héloïse de Neuville et Céline Hoyeau, « Affaire abbé Pierre : de nouveaux témoignages dessinent le visage d'un potentiel agresseur sexuel en série », La Croix, 6 septembre 2024 (lire en ligne [archive])

Thomas Poupeau, « Nouvelles accusations contre l'abbé Pierre, « un prédateur » : Véronique Margron veut une instance de réparation », Le Parisien, 7 septembre 2024 (lire en ligne [archive], consulté le 8 septembre 2024)

Alexandra Jaegy, Accusation contre l'abbé Pierre : la sœur Véronique Margron demande « une instance de réparation », Le Point, 7 septembre 2024 (lire en ligne [archive], consulté le 8 septembre 2024)

Le Monde avec AFP, « Abbé Pierre : Emmaüs envisage une indemnisation des victimes à la suite des nouvelles accusations », Le Monde, 9 septembre 2024 (lire en ligne [archive])

Jeanne Durieux avec l'AFP, « Rues, jardins, écoles : ces lieux au nom de l'abbé Pierre qui seront débaptisés », Le Figaro, 12 septembre 2024 (lire en ligne [archive])

Le Figaro avec AFP, « Abbé Pierre : l'Église va ouvrir ses archives aux chercheurs sans attendre les 75 ans habituels », Le Figaro, 12 septembre 2024 (lire en ligne [archive])

Simon Leplâtre, « Le Vatican était au courant des agressions sexuelles commises par l'abbé Pierre depuis des années, selon le pape François », Le Monde, 13 septembre 2024 (lire en ligne [archive])

Décret du 13 juillet 2004 portant élévation aux dignités de grand'croix et de grand officier [archive].

« Fiche Pierre-Henri Grouès [archive] », sur Ordre de la Libération – Base des médaillés de la Résistance française (consulté le 29 juillet 2023)

« L'abbé Pierre [archive] », sur Ordre national du Québec (consulté le 17 juillet 2024).

« Abbé Pierre (1912-2007), archives d'une vie : les sources écrites personnelles. [archive] », sur FranceArchives.gouv.fr (Consulté le 6 août 2024)

« Le Prix Balzan à l'abbé Pierre », Le Monde, 16 novembre 1991 (lire en ligne [archive], consulté le 6 août 2024)

« Dévoilement de la statue de l'abbé Pierre, à Paris – Fondation Abbé Pierre [archive] », sur www.fondation-abbé-pierre.fr (consulté le 6 août 2024)

« L'abbé Pierre accusé d'agressions sexuelles : À Paris, le jardin au nom du prêtre débaptisé après les révélations ? [archive] », sur 20 minutes, 9 septembre 2024 (consulté le 9 septembre 2024)

« Emmaüs : un label, mais un lourd héritage [archive] », Le Figaro, 23 janvier 2007 (consulté le 23 juillet 2024).

« Fonds 2010 018. Abbé Pierre (1912-2007). » Archives d'une vie : les sources écrites personnelles : Répertoire numérique détaillé, lien Wayback Machine [PDF], sur Archives nationales du monde du travail, 2010. Cet instrument de recherche n'est pas complet, d'autres entrées d'archives concernant Emmaüs ont été effectuées aux ANMT.

Bibliographie

Pierre Lunel, Abbé Pierre, L'insurgé de Dieu, édition n°1, 1989 (ISBN 978-2-863-91328-4)

Pierre Lunel, 40 ans d'amour : l'abbé Pierre et Emmaüs, t. I : Le Temps des apôtres, Édition n°1, 1992 (ISBN 9782863915370)

Bernard Violet, L'abbé Pierre, Fayard, 2004 (réimpr. 2007), 441 p. (ISBN 978-2213614113)

Philippe Falcone, L'abbé Pierre, la construction d'une légende, Golias, 2004, 400 p. (ISBN 978-2-914475-49-5)

Axelle Brodiez-Dolino, Emmaüs et l'abbé Pierre, Presses de Sciences Po, 2009, 384 p. (ISBN 978-2724610949, lire en ligne [archive])

Bernard Marrey, L'abbé Pierre et Jean Prouvé, Éditions du Linteau, 2006, 80 p. (ISBN 978-2-910342-65-4)

Jean-Marie Viennet et René Poujol, Le Secret spirituel de l'abbé Pierre, Salvator, 2013, 217 p. (ISBN 978-2-7067-1089-6)

Frédérique Féron, Pascal Meynadier et Marc Brincourt, L'abbé Pierre. Un bâtisseur d'humanité, Éditions du Chêne, 2016, 208 p. (ISBN 978-2-8123-1552-7)

Sophie Doudet, L'abbé Pierre, Gallimard, coll. Folio Biographies, 2022, 320 p. (ISBN 9782072899508)

Livres de photographies

Images d'une vie, recueil de près de 200 photos de l'abbé Pierre, réalisées avec Laurent Desmard, éd. Hoebeke, 2006 (ISBN 978-2-84230-266-5).

Henri. Quelques pas avec l'abbé Pierre, album photographique de Claude Iverné, Albin Michel, 2009 (ISBN 978-2-226-18174-9).

Livres jeunesse

Pauline Jaricot, Xavier de Nicolo, Les Chercheurs de Dieu – t. 2 : L'Abbé Pierre, Paris, éd. Bayard Jeunesse, 1992 (ISBN 978-2-227-61072-9). Bande dessinée de Lama Masudi, Hugues Labiano, Marc Malès (dessins) ; Jean-Louis Fonteneau, Thierry Lescuyer, Marie-Noëlle Pichard (scénario).

L'Abbé Pierre, le roman de sa vie, biographie pour enfants de Chloé Caffarel, Paris, Bayard Jeunesse, 2012 (ISBN 978-2-7470-4299-4).

Films

Documentaires, documents vidéo, entretiens filmés

Vidéo de l'abbé Pierre [archive] en 1954, après sa déclaration sur la pauvreté, en visite à Genève, archive de la Télévision suisse romande (TSR).

Vidéo de l'abbé Pierre [archive] en 1973, archive de la TSR.

Alain comme les autres, les chiffonniers Emmaüs, docufiction de Denise Gilliand, avec Jean-Quentin Châtelain, production NAG Films, 1998.

Vous direz à vos enfants… Le plus beau témoignage sur la beauté du don, Entretien avec l'abbé Pierre, studio LCJ Éditions, Paris, DVD PAL (région 2), 2005.

L'Abbé Pierre, la voix des sans-voix d'Agnès Hubschman, 2005.

L'abbé Pierre, aventurier de Dieu [archive], documentaire de 25 min, réalisé par Jean-Claude Salou (diffusé en 2007 dans Le Jour du Seigneur sur France 2).

Paroles, Abbé Pierre, série d'entretiens avec l'abbé Pierre. Rencontres avec Johnny Hallyday, Zinédine Zidane et le dalaï-lama. Édition Emmaüs Genève, Artémis Films Productions, 2 x DVD PAL, 2007.

L'abbé Pierre, l'insurrection de la bonté de Diane Lisarreli, coll. D'après une histoire vraie, Arte éditions, 2019 ((fr + de) « en ligne [archive] » (consulté le 27 juin 2021)).

Films de fiction

1955 : Les Chiffonniers d'Emmaüs de Robert Darène, avec André Reybaz.

1989 : Hiver 54, l'abbé Pierre de Denis Amar, avec Claudia Cardinale et Lambert Wilson.

2023 : L'Abbé Pierre : une vie de combats de Frédéric Tellier, avec Benjamin Lavernhe.

Articles connexes

Personnalités

Étienne Pierre Morlanne (1772-1862), médecin-accoucheur de Metz qui fonda les Sœurs de la Charité Maternelle pour venir en aide aux mères célibataires ou/et défavorisées.

Héra Mirtel (1868-1931), née Louise Grouès, écrivaine et féministe, tante de l'abbé Pierre, sœur de son père Antoine.

Abbé Froidure (1899-1971), homologue belge de l'abbé Pierre qui créa un mouvement similaire à Bruxelles dès 1937.

Lucie Coutaz (1899-1982), Secrétaire de l'abbé Pierre.

Sans domicile fixe en France

Organisations

Mouvement Emmaüs

Emmaüs International

Fondation Abbé-Pierre pour le logement des défavorisés

Les Petits Riens, association créée par l'abbé Froidure.

Association Poverello en Belgique

Liens externes

- Ressources relatives à l'audiovisuel : AllocinéCiné-RessourcesFilmweb.plIMDB
- Ressources relatives aux beaux-arts : National Portrait GalleryRKDartists
- Ressources relatives à la vie publique : Maitron, Base Sycomore
- Ressources relatives à plusieurs domaines : ODIS Radio France
- Ressources relatives à la musique : MusicBrainz, Muziekweb
- Ressource relative au spectacle : Archives suisses des arts de la scène
- Ressource relative à la recherche : La France savante
- Ressource relative aux militaires : Mémoire des hommes
- Ressource relative à la bande dessinée : BD Gest'
- Notices dans des dictionnaires ou encyclopédies généralistes : Brockhaus [archive] Den Store Danske Encyklopedie [archive] Deutsche Biographie [archive] Enciclopedia De Agostini [archive] Gran Enciclopèdia Catalana [archive] Larousse [archive] Nationalencyklopedin [archive] Munzinger [archive] Store norske leksikon [archive] Universalis [archive] Who's Who in France [archive]
- Notices d'autorité : VIAFISNIBnF (données)IdRefLCCNGNDItalie Japon CiNiiEspagne Belgique Pays-Bas Pologne NUKAT Catalogne Suède Norvège Croatie WorldCat

Site officiel [archive] d'Emmaüs International, légataire universel de l'abbé Pierre.

Site officiel [archive] de la Fondation Abbé-Pierre.

[PDF] Hommage à l'abbé Pierre [Archive], communiqué de presse officiel par Emmaüs France.

Référence jugement post-mortem

1] Au commencement.

[2] « Qu'est-ce que Egaé ? »

[3] Marianne, 16 octobre 2020, Thibaut Solano : « Des médias aux ministères, le business néo-féministe de Caroline De Hass » ; Marianne, 21 juillet 2021, Samuel Piquet : « Il n'y a pas de présomption d'innocence ».

[4] « Il appartient au juge d'interpréter la loi, non de la faire ».

[5] « Personne ne juge sa propre cause ».

[6] « Le doute profite à l'accusé ».

[7] « Un travail opiniâtre vient à bout de tout ».

[8] Le Pèlerin, 19 juillet 2014, Caroline Celle : « Rapport sur l'abbé Pierre : les controverses autour du cabinet Egae et de sa directrice Caroline Haas ».

[9] « Si ce n'est pas prouvé, c'est comme si cela n'existait pas ».

[10] « Le temps dévore tout ».

[11] « Condamnation à l'oubli ».

[12] « Va en paix ». Formule qu'on prononçait lorsqu'un prisonnier était mis au cachot pour la vie, la sanction étant censée racheter son péché. Pour ce qui concerne l'innocent injustement condamné, il était doublement in pace, puisque sa conscience n'avait rien à se reprocher. Dans tous les cas de figure, tout allait donc pour le mieux dans le meilleur des mondes.

[13] Joseph Caillaux, Mes Mémoires, 1er volume : « Ma jeunesse orgueilleuse », 1942.

SOMMAIRE

DEDICACE……………………..……………………..……..7

AVANT -PROPOS…………..…………………….……..9

LE BON SAMARITAIN………………………………….. 14

ABBE OR NOT JESUS …………………………………... 16

LA MISSION……………………………..……………..19

UNE VIE…………………………………….…26

MEMORADUM……………………………..…28

UNE LUTTE…………………..……….…...…..……...33

LE SCANDALE………………….…………..…….…38

L'ECOUTE…………..………………….…………..42

LA LEGITIMITE JUDICIAIRE……………….……..… 44

COUPABLE D'OFFICE…………………………..………48

DAMNATION MEMORIAE…………………..………50

MORALITE CHRETIENNE…………..……………... …52

LA REPENTANCE……………..………....…..………54

LE VŒU DE CHASTETE………………..………...56

SANCTIONS ET REPARATIONS………………..……… 58

ANNEXE……………………………..……… 60

Personne
à la rue !

I want morebooks!

Buy your books fast and straightforward online - at one of world's fastest growing online book stores! Environmentally sound due to Print-on-Demand technologies.

Buy your books online at
www.morebooks.shop

Achetez vos livres en ligne, vite et bien, sur l'une des librairies en ligne les plus performantes au monde!
En protégeant nos ressources et notre environnement grâce à l'impression à la demande.

La librairie en ligne pour acheter plus vite
www.morebooks.shop